FRANZÖSISCHE MÄRCHEN

von Perrault

FRANZÖSISCHE MÄRCHEN

von Perrault

Illustrationen Z. Krejčová

21. Januar 2000

Zum Geburtstag bekommst
Du ein Märchenbuch, damit Du
Deinen Omapflichten nachkommen
kannst ♡
Herzlichst
Erika u. Martin

Dausien

FRANZÖSISCHE MÄRCHEN VON CHARLES PERRAULT

Erste Auflage, 1996
Deutsche Textbearbeitung unter Verwendung der Übersetzung von Jos. Grimm, B. H. Bull u. a.
Illustrationen von Zdenka Krejčová
Graphische Gestaltung von Pavel Gaudore

Gestaltung und Produktion
von Aventinum Verlag, Prag,
Tschechische Republik
ISBN 3-7684-3551-2
1/26/04/52-01

INHALT

ESELSHAUT

Vor Zeiten lebte ein König, der wurde von seinem Volke so geliebt und von seinen Nachbarn und Verbündeten so geachtet, daß man ihn den glücklichsten aller Herrscher nennen konnte. Sein Glück war dadurch noch erhöht, daß er sich eine ebenso schöne wie gebildete Gemahlin gewählt hatte. Sie lebten in schönster Eintracht.

Aus dieser Ehe war ihnen eine mit großer Anmut und vielen Tugenden ausgezeichnete Tochter geboren, so daß sie es nicht bedauerten, keine weiteren Nachkommen zu haben.

Im Königspalast herrschten Reichtum und Schönheitssinn. Die Minister waren weise und gerecht, die Hofleute treu und unbestechlich, die Diener anhänglich und fleißig. In den großen Stallungen standen die schönsten Pferde, denen prächtiges Zaumzeug angelegt wurde. Aber am meisten staunten alle Fremden, die diese schönen Ställe bewunderten, daß auf einem Ehrenplatz ein großer Esel seine langen Ohren ausstreckte. Nicht aus einer Laune heraus hatte der König ihm diesen bevorzugten Platz gegeben, die Tugenden dieses seltsamen Tieres verdienten diese Auszeichnung. Die Natur hatte ihn nämlich so merkwürdig erschaffen, daß seine Streu, statt unsauber zu sein, alle Morgen mit vielen echten Talern und Goldstücken bedeckt war, welche man bei seinem Erwachen einsammelte. Leider vermischt das Schicksal immer wieder Freud und Leid, und nicht nur die Untertanen, sondern auch Könige werden davon betroffen.

So kam es, daß die Königin plötzlich von einer schweren Krankheit befallen wurde. Die Ärzte waren mit ihrem Latein am Ende und konnten ihr nicht helfen. Alle waren untröstlich, und besonders der König wurde sehr traurig. Er ließ in allen Kirchen

seines Reiches für die Königin beten, bot selbst sein Leben für das seiner geliebten Gattin an, aber das alles nützte nichts.

Als die Königin ihre letzte Stunde herannahen fühlte, sagte sie zu ihrem verzweifelten Gemahl:

„Erlaube mir, bevor ich sterbe, etwas von dir zu erbitten. Wenn du dich wieder verheiratest..."

Bei diesen Worten schluchzte der König laut. Er nahm die Hände seiner Gattin, benetzte sie mit seinen Tränen und bat sie, nicht von einer zweiten Heirat zu sprechen.

„Nein, nein", schluchzte er, „meine teure Königin, sprich lieber davon, daß ich dir bald folgen werde."

Die Königin entgegnete mit Festigkeit, die den Schmerz des Fürsten noch erhöhte: „Der Staat verlangt einen männlichen Erben. Da ich dir nur eine Tochter geschenkt habe, mußt du dir Söhne wünschen. Ich bitte dich jedoch bei aller Liebe, die du für mich gehabt hast, dich nur dann wieder zu verheiraten, wenn du eine Prinzessin gefunden hast, die schöner und anmutiger und klüger ist als ich. Wenn du mir das schwörst, dann werde ich ruhig sterben."

Vielleicht verlangte die Königin diesen Schwur, weil sie zu sehr davon überzeugt war, daß es eine solche Prinzessin in der ganzen Welt nicht geben würde und sie dadurch sicher sein konnte, daß der König kein zweitesmal heiratete. Bald darauf starb sie. Der König war untröstlich, er weinte und schluchzte Tag und Nacht.

Aber der Hochadel des Reiches versammelte sich und forderte vom König, eine neue Vermählung einzugehen.

Diese Forderung erschien dem König hart, er dachte an

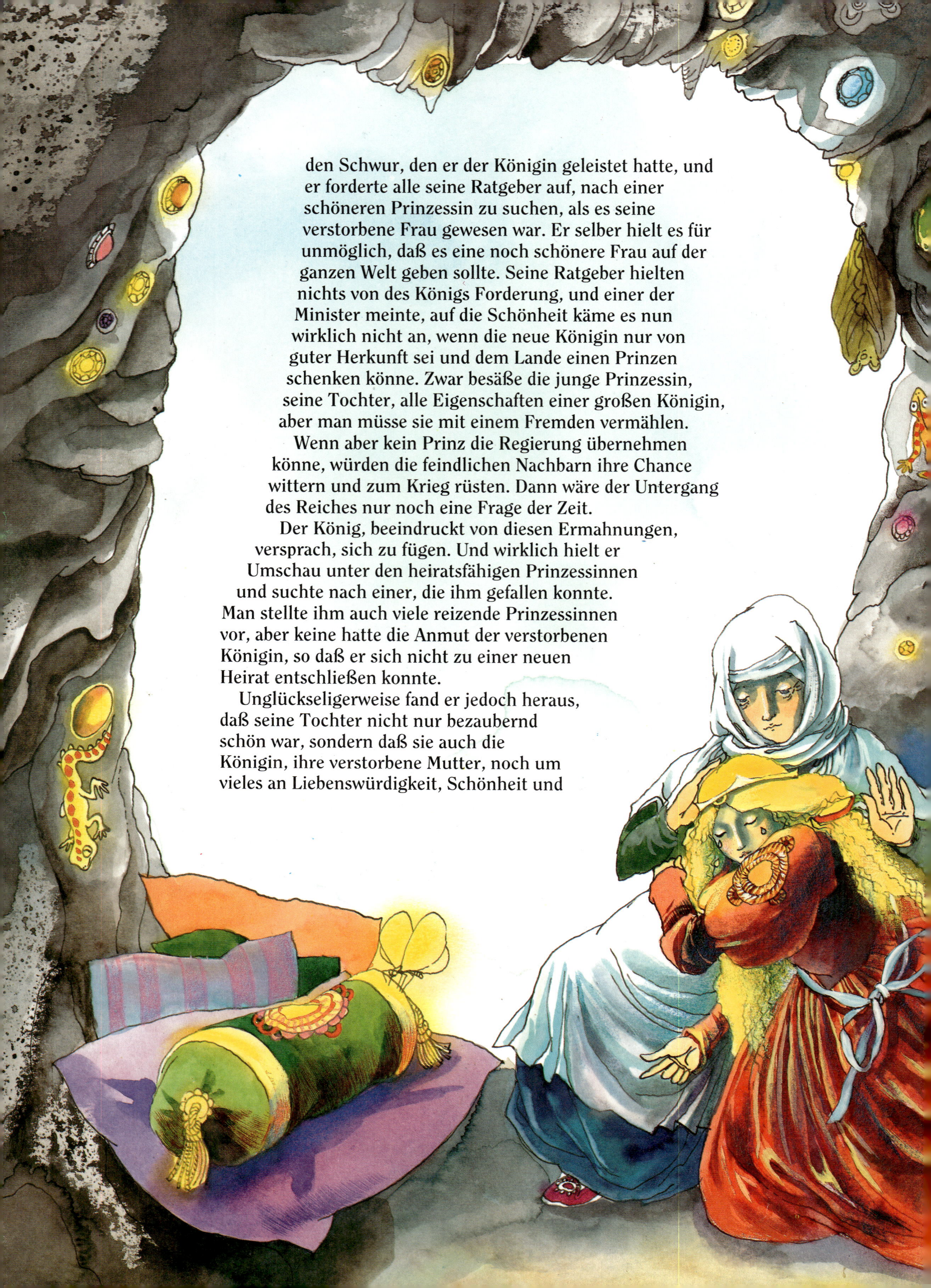

den Schwur, den er der Königin geleistet hatte, und er forderte alle seine Ratgeber auf, nach einer schöneren Prinzessin zu suchen, als es seine verstorbene Frau gewesen war. Er selber hielt es für unmöglich, daß es eine noch schönere Frau auf der ganzen Welt geben sollte. Seine Ratgeber hielten nichts von des Königs Forderung, und einer der Minister meinte, auf die Schönheit käme es nun wirklich nicht an, wenn die neue Königin nur von guter Herkunft sei und dem Lande einen Prinzen schenken könne. Zwar besäße die junge Prinzessin, seine Tochter, alle Eigenschaften einer großen Königin, aber man müsse sie mit einem Fremden vermählen. Wenn aber kein Prinz die Regierung übernehmen könne, würden die feindlichen Nachbarn ihre Chance wittern und zum Krieg rüsten. Dann wäre der Untergang des Reiches nur noch eine Frage der Zeit.

Der König, beeindruckt von diesen Ermahnungen, versprach, sich zu fügen. Und wirklich hielt er Umschau unter den heiratsfähigen Prinzessinnen und suchte nach einer, die ihm gefallen konnte. Man stellte ihm auch viele reizende Prinzessinnen vor, aber keine hatte die Anmut der verstorbenen Königin, so daß er sich nicht zu einer neuen Heirat entschließen konnte.

Unglückseligerweise fand er jedoch heraus, daß seine Tochter nicht nur bezaubernd schön war, sondern daß sie auch die Königin, ihre verstorbene Mutter, noch um vieles an Liebenswürdigkeit, Schönheit und

Verstand übertraf. Ihre Jugend, ihre Anmut und die reizende Frische ihres rosigen Gesichtes ließen den König in so heftiger Liebe entbrennen, daß er sie der Prinzessin nicht mehr länger verbergen konnte. Er gestand ihr, daß er entschlossen sei, sie zu heiraten, weil nur sie allein ihn von seinem Schwur entbinden könne.

Die junge Prinzessin war voller Tugend und Keuschheit. Fast wäre sie bei diesem Vorschlag ohnmächtig geworden. Sie warf sich dem König zu Füßen und beschwor ihn mit all ihrer Überredungskunst, sie nicht zu einem solchen Verbrechen zu zwingen.

Der König jedoch hatte sich diese Heirat in den Kopf gesetzt. Er fragte einen Priester um Rat, um das Gewissen der Prinzessin - und auch sein eigenes - zu beruhigen.

Der Priester war leider wenig fromm, doch dafür um so ehrgeiziger. Er opferte den Schatz der Unschuld und der Tugend für die zweifelhafte Ehre, der Vertraute eines mächtigen Königs zu sein. Geschickt stellte er dem König dieses Verbrechen als sehr geringfügig dar, so daß dieser sogar glaubte, ein Recht darauf zu haben, seine Tochter zu heiraten.

Der König war sehr angetan von den Worten des falschen Ratgebers, umarmte ihn und ging mit dem festen Vorsatz von ihm fort, die Hochzeit vorzubereiten.

Als er der jungen Prinzessin seinen Entschluß mitteilte, war sie ganz außer sich. Bei ihrer Patin, der Fliederfee, versuchte sie Hilfe zu erlangen. Heimlich reiste sie in der Nacht in einem Wagen fort. Sie hatte einen Hammel davorgespannt, der alle Wege kannte, und so kam sie glücklich bei der guten Fee an. Die Fee liebte die Prinzessin sehr. Sie sagte, daß sie schon von der schrecklichen Sache gehört habe. Sie möge sich keine Sorgen machen, sie hätte überhaupt nichts zu befürchten, wenn sie getreu nach ihren Anweisungen handele.

„Mein liebes Kind", sagte sie, „es wäre ein großes Unrecht von dir, deinen Vater zu heiraten. Aber du kannst diesen Schritt vermeiden, ohne ihm

widersprechen zu müssen. Sage ihm, er müsse dir einen Wunsch erfüllen, er soll dir ein Kleid schenken von der Farbe des Wetters. Du möchtest es zur Hochzeit tragen. Niemals wird es ihm gelingen, ein solches Kleid zu beschaffen, trotz all seiner Macht."

Die Prinzessin dankte ihrer Patin von Herzen. Am nächsten Morgen bat sie den König, ihr einen Wunsch zu erfüllen. Sie beteuerte, daß sie zur Hochzeit ein Kleid in der Farbe des Wetters tragen wolle.

Der König versammelte gleich alle berühmten Weber um sich und bestellte bei ihnen einen solchen Stoff mit der Drohung, daß er sie alle aufhängen lassen würde, wenn es ihnen nicht gelänge, den Stoff für ein solches Kleid zu beschaffen und von den Hofschneidern nähen zu lassen. Am zweiten Tag schon brachten sie das gewünschte Kleid in der Farbe des schönsten Wetters. Der Himmel, von goldenen Wolken gesäumt, hatte keine schönere Farbe als dieses Kleid. Die Prinzessin war darüber sehr betrübt und wußte nicht, wie es weitergehen sollte.

Der König beschleunigte die Vorbereitungen zur Hochzeit. Die Prinzessin aber eilte wieder zu ihrer Patin, um sich dort Rat zu holen. Die Fee war sehr erstaunt, daß ihr Plan mißlungen war. Deshalb gab sie der Prinzessin den Rat, ein Kleid von der Farbe des Mondes zu verlangen.

Der König konnte es ihr nicht verweigern. Er ließ wieder die geschicktesten Weber und Schneider kommen und befahl, ein Kleid von der Farbe des Mondes zu weben. Wieder vergingen zwischen dem Befehl und der Ausführung nur vierundzwanzig Stunden. Der Prinzessin gefiel das prächtige Kleid, aber die Emsigkeit des Königs, mit welcher er jetzt zur Hochzeit rüstete, betrübte sie um so mehr. Als sie mit ihren Kammerfrauen und mit ihrer Amme allein war, weinte sie bitterlich.

Die Fliederfee kam der betrübten Prinzessin zu Hilfe und sagte zu ihr:

„Verlange jetzt ein Kleid von der Farbe der Sonne. Ein solches Kleid kann auch der König nicht herstellen lassen; zumindest werden wir mit dieser Forderung Zeit gewinnen."

Die Prinzessin verlangte am anderen Morgen ein Kleid in der Farbe der Sonne. Der König ließ Gold, Diamanten und Rubine herbeischaffen, er verlangte, nicht damit zu sparen, und befahl, ein Kleid der Sonne gleich anzufertigen. Als nach 24 Stunden das Kleid fertig war, mußten alle, die es sahen, die Augen schließen, so sehr wurden sie geblendet.

Niemals hatte man so etwas Schönes und zugleich kostbar Gearbeitetes gesehen.

Die Prinzessin aber war bestürzt. Unter dem Vorwand, daß ihre Augen schmerzten, zog sie sich in ihr Zimmer zurück. Dort erwartete sie die gute Fee.

„Diesmal", sagte sie zur Prinzessin, „wollen wir die sündige Liebe deines Vaters auf eine Probe stellen, die er schwerlich bestehen wird. Bitte ihn um die Haut des Esels, den er schwer entbehren kann, weil er all seine Staatsausgaben so reichlich bestreitet. Geh und sage ihm, daß du diese Eselshaut vor der Hochzeit von ihm verlangst."

Die Prinzessin hoffte, ein Mittel gefunden zu haben, die Heirat, welche sie so sehr verabscheute, zu vereiteln. Überzeugt davon, daß ihr Vater sich nicht werde entschließen können, seinen Goldesel zu opfern, ging sie zu ihm und teilte ihm ihr Verlangen nach der Haut des Esels mit.

Der König war sehr erschrocken. Doch er zögerte nicht, den Wunsch seiner Tochter zu erfüllen.

Dabei dachte er: Verliere ich auch den Goldesel, so habe ich doch mein Volk, und das muß den Verlust durch Steuern ersetzen. Der arme Esel wurde geopfert und seine Haut der Prinzessin überbracht. Diese wollte schier verzweifeln, weil sie kein Mittel mehr sah, ihr Unglück zu verhindern. Doch wieder war ihre Patin zur Stelle.

„Was tust du, meine Tochter?" fragte sie, als sie sah, daß die Prinzessin sich die Haare ausriß und ihre schönen Wangen zerkratzte. „Hülle dich in diese Haut, verlaß den Palast und gehe fort, so weit dich deine Füße tragen. Wer alles der Tugend opfert, den wissen die Götter zu belohnen. Geh nur fort! Ich werde dafür sorgen, daß die Truhe mit deinen Kleidern und deinem Schmuck dir überallhin folgt. Hier gebe ich dir meinen Zauberstab. Schlage damit auf die Erde, wenn du die Truhe brauchst, dann wird sie sofort erscheinen. Aber beeile dich und zögere nicht."

Die Prinzessin umarmte ihre geliebte Patin und bat darum, ihr auch weiterhin beizustehen. Dann hüllte sie sich in die häßliche Eselshaut, schwärzte ihr Gesicht mit Kaminruß und verließ den Palast, ohne von irgend jemand beachtet zu werden. Die Flucht der Prinzessin brachte große Unruhe. Der König hatte ein prächtiges Fest ausrichten lassen und war verzweifelt und untröstlich. Er schickte hundert Büttel und zweitausend Soldaten aus, um seine Tochter zu suchen. Aber die gute Fee beschützte sie, so daß man sie nicht finden konnte.

Unterdessen wanderte die Prinzessin weit, weiter, immer weiter und noch weiter und suchte überall nach einem Unterkommen. Aber wenn man ihr auch aus Barmherzigkeit zu essen gab, fand man sie doch so schmutzig, daß niemand sie für längere Zeit beherbergen wollte.

Einmal jedoch kam sie in eine schöne Stadt mit einem Pachthof vor dem Tor. Die Pächterin brauchte gerade eine Küchenmagd, die auch die Schweinetröge saubermachen mußte. Die Prinzessin in der Eselshaut nahm die Arbeit an, so sehr war sie vom vielen Gehen müde. Sie schlief in einem Winkel der Küche, und in den ersten Tagen war sie dort den groben Scherzen der übrigen Dienstboten ausgesetzt. Nach und nach gewöhnte man sich an sie, trotz der schmutzigen Eselshaut, die sie immer trug. Im übrigen erfüllte sie sorgsam ihre Pflicht, so daß die Pächterin sie unter ihren Schutz nahm. Sie hütete auch die Schafe und brachte sie rechtzeitig in den Stall zurück. Die Truthühner betreute sie mit solcher Umsicht, als ob sie niemals eine andere Arbeit getan hätte. Auch gedieh alles Vieh unter ihren schönen Händen.

Eines Tages saß sie neben einem klaren Brunnen, an dessen Rand sie schon oft ihr trauriges Schicksal beweint hatte. Da fiel ihr Blick auf ihr Spiegelbild im Wasser. Sie war entsetzt über ihr Aussehen, besonders über die häßliche Eselshaut, aber sie hatte ja nichts anderes zum Anziehen. Schnell wusch sie sich Gesicht und Hände. Nun wurde die Haut weißer als Elfenbein, und ihre schönen Wangen bekamen wieder ihre natürliche Frische. Und sie beschloß, sich zu baden. Aber dann mußte sie sich wieder in ihre gräuliche Eselshaut hüllen und in ihre Kammer zurückkehren.

Der darauffolgende Tag war ein Sonntag. Sie schlug mit dem Zauberstab der Fee auf die Erde, und gleich stand die Truhe mit ihren

schönen Kleidern da. Sie kleidete sich um, frisierte ihr Haar und zog sich das prächtige Kleid in der Farbe des Wetters an. Ihre Schlafkammer, die man ihr inzwischen zugewiesen hatte, war aber so klein, daß sie die lange Schleppe ihres schönen Kleides nicht darin ausbreiten konnte.

Die Prinzessin konnte sich nicht enthalten, auch um sich die Langeweile ein bißchen zu vertreiben, an Sonn- und Festtagen nach und nach all ihre schönen Kleider anzuziehen. Sie flocht sich mit viel Geschick schöne Perlen und Diamanten ins Haar und seufzte oft, daß niemand sie so sehen und bewundern konnte.

Unter den Leuten ihrer Umgebung bürgerte es sich ein, daß man sie einfach Eselshaut nannte; denn die Prinzessin hatte natürlich nicht ihren wirklichen Namen verraten.

An einem besonderen Festtag hatte Eselshaut ihr Sonnenkleid angezogen. Da stieg der Sohn des Königs, dem alles Land ringsum gehörte, auf dem Pachthof vom Pferd, um sich bei einem kühlen Trunk von der Jagd auszuruhen.

Der Prinz war jung und schön und er wurde vom ganzen Volk geliebt. Die Pächterin bot dem jungen Prinzen Erfrischungen an. Dann begann er aus einer Laune heraus die Viehhöfe und alle Winkel zu durchstreifen. So gelangte er auch in einen finsteren Gang, an dessen Ende eine verschlossene Tür war. Aus Neugierde sah er durch das Schlüsselloch.

Er sah die wunderschöne und prachtvoll gekleidete Prinzessin, und da er es sich nicht anders erklären konnte, meinte er, eine Fee zu sehen.

Das Gefühl, das er dabei empfand, war so heftig, daß er fast die Tür eingeschlagen hätte. Aber der Respekt vor der Schönheit hielt ihn davon ab. Der Prinz konnte sich von dem Anblick kaum trennen, und er tat es nur, um sich nach der Dame zu erkundigen, die in jenem kleinen Zimmer wohne. Man antwortete ihm, dort wohne eine arme Magd. Wegen des Felles, worin sie sich kleide, werde sie Eselshaut genannt. Sie sei sehr schmutzig. Niemand würde sie ansehen und kaum jemand mit ihr sprechen. Man habe sie nur aus Mitleid aufgenommen, aber sie wäre zum Hüten der Schafe und Truthühner recht brauchbar.

Der Prinz war mit dieser Auskunft nicht zufrieden. Er sah aber wohl, daß die einfachen Leute die Wahrheit nicht kannten. Wahrscheinlich wußten sie es nicht besser, und alles weitere Fragen wäre nutzlos.

Über alle Maßen verliebt, kehrte er in den Palast seines Vaters zurück. Immerfort hatte er das schöne Bild vor Augen, auch wenn er es nur durch das Schlüsselloch gesehen hatte. Er bereute es, nicht an die Tür geklopft zu haben, und nahm sich vor, es ein andermal zu tun. Aber seine heiße Liebe brachte sein Blut so in Wallung, daß er noch in derselben Nacht krank wurde. Ein heftiges Fieber schüttelte ihn, und er war fast dem Ende nahe.

Die Königin, seine Mutter, deren einziges Kind er war, war verzweifelt, weil kein Mittel helfen wollte. Sie versprach den Ärzten die größte Belohnung, aber sie waren machtlos und mit ihrer Kunst am Ende. Niemand konnte dem Prinzen helfen.

Endlich errieten sie, daß ein großer Kummer das Übel verursacht hatte. Die Königin beschwor ihren Sohn voller Zärtlichkeit, doch die Wahrheit nicht länger zu verbergen und ihr den Grund seines Kummers zu entdecken. Der König, sein Vater, würde sogar vom Thron steigen und ihm seine Krone geben, wenn er sie zu haben wünsche. Oder wenn eine Liebschaft dahinterstecken sollte und er ein Mädchen heiraten möchte, so würden die Eltern alles aufbieten, um das zu

erlangen, was er wünsche. Die Königin flehte ihn an, ihr alles zu offenbaren.

Und während sie das sagte, weinte sie ununterbrochen aus Furcht, ihr Sohn könnte sterben.

„Liebe Mutter“, sagte endlich der Prinz mit schwacher Stimme, „ich bin nicht darauf aus, die Krone meines Vaters zu wünschen. Der Himmel wolle, daß er noch viele Jahre gesund regiere und ich immer der treueste und ehrfurchtsvollste seiner Untertanen sei. Und ich habe auch noch nicht ans Heiraten gedacht. Aber sei versichert, daß ich eines Tages heiraten werde.“

„Ach, mein lieber Sohn“, erwiderte die Königin, „wir wollen doch alles tun, um dein Leben zu retten.“

„Nun, liebe Mutter“, antwortete er, „weil ich dir denn meine Gedanken offenbaren soll, will ich dir gehorchen. Ich wünsche mir, daß die Stallmagd Eselshaut einen Kuchen bäckt und daß man mir diesen Kuchen bringt, sobald er fertig ist.“

Die Königin war über diesen sonderbaren Wunsch erstaunt, und sie fragte, wer Eselshaut sei.

„Frau Königin“, erwiderte einer der Offiziere, der zufällig das Mädchen gesehen hatte, „es ist eine Magd, ein schmuddeliges Mädchen, das auf dem Pachthof wohnt und dort die Truthühner hütet.“

„Das macht nichts“, sagte die Königin, „mein Sohn hat vielleicht bei der Rückkehr von der Jagd von ihrem Kuchen gegessen. Es wird die Laune eines Kranken sein, aber ich ordne hiermit an, daß Eselshaut schnell einen Kuchen backen soll.“

Man lief zum Pachthof und übermittelte Eselshaut den Befehl, für den Prinzen einen Kuchen zu backen.

Es wird erzählt, daß Eselshaut den schönen jungen Prinzen beobachtet habe, als er nach seinem Jagdausflug auf dem Pachthof war. Sie habe aus ihrem kleinen Fenster geschaut und ihn dabei erblickt. Er habe ihr so gefallen, daß sie oftmals an ihn habe denken müssen.

Wie dem auch sei, ob Eselshaut ihn nun gesehen oder nur viel über ihn gehört hatte, sie war gern bereit, diesen Befehl auszuführen. Sie schloß sich in ihre Kammer ein und warf ihre häßliche Eselshaut ab. Sie wusch sich das Gesicht und ihre Hände, flocht ihr blondes Haar und zog ein schönes Mieder mit silbernen Stangen an. Sie kleidete sich mit einem hübschen Rock und begann, den gewünschten Kuchen zu backen. Sie nahm das feinste Mehl, Eier und frische Butter. Während sie den Teig knetete, fiel ihr ein Ring von ihrem Finger hinein. Er wurde mitgebacken. Als der Kuchen fertig war, wickelte sie sich wieder in ihre Eselshaut und übergab ihn dem Offizier, den sie sehr eindringlich nach dem Befinden des Prinzen fragte. Aber der Mann hielt es nicht für nötig, ihr eine Antwort zu geben. Schnell brachte er den Kuchen zum Prinzen.

Der Prinz riß ihn dem Boten hastig aus den Händen und verzehrte ihn mit solchem Heißhunger, daß die anwesenden Ärzte das für kein gutes Zeichen hielten. Tatsächlich hätte der Prinz sich auch beinahe an dem Ring verschluckt, der in einem Stück Kuchen steckte. Aber er konnte ihn noch rechtzeitig aus dem Mund hervorbringen. Als er den feinen Rubinring betrachtete, rief er:

„Dieser Ring muß an den feinsten kleinen Finger der Welt passen!"

Er küßte den Ring zärtlich, legte ihn unter sein Kopfkissen und zog ihn immer wieder, wenn er sich unbeobachtet fühlte, hervor.

Vor Aufregung begann sein Fieber wieder zu steigen, und die Ärzte, die sich keinen anderen Rat mehr wußten, erklärten der Königin kurz und bündig, der Prinz sei liebeskrank.

Die Königin eilte mit ihrem Gemahl zu ihrem Sohn.

„Mein Sohn, mein lieber Sohn", rief der betrübte Vater, „nenne uns den Namen des Mädchens, das du liebst. Wir werden sie sofort adeln und dir zur Frau geben, wäre sie auch die niedrigste Dienerin."

Die Königin umarmte ihn und bestätigte die Worte des Königs.

Der Prinz, gerührt von den Tränen seiner Eltern, sprach:

„Liebe Eltern, ich werde diejenige heiraten, welcher dieser Ring paßt, wer sie auch sei. Eine Bäuerin hat sicher nicht so feine Finger." Hierbei zog er den Ring unter seinem Kopfkissen hervor.

Der König und die Königin nahmen den Ring, betrachteten ihn neugierig und waren auch der Ansicht, daß der Ring nur einer vornehmen Dame passen könne. Der König umarmte seinen Sohn und beschwor ihn, gesund zu werden. Darauf entfernte er sich. Dann ließ er durch Trommeln, Pfeifen und Trompeten bekanntmachen und außerdem noch durch seine Herolde ausrufen, daß alle jungen Mädchen zum Schloß kommen und einen Ring anstecken sollen. Diejenige, der er passe, solle den Thronerben heiraten.

Zuerst kamen die Prinzessinnen, dann die Herzoginnen, die Gräfinnen und Baronessen, aber sie mochten die Finger noch so dünn machen, keine konnte den Ring anstecken. Dann kamen die Töchter der reichen Bürger. Sie hatten alle, so hübsch sie auch sein mochten, viel zu dicke Finger. Endlich kamen die Kammermädchen. Jede hatte den Ring ohne Erfolg versucht, als der Prinz nach den Köchinnen, Hausmädchen und Schäferinnen verlangte. Man brachte sie alle herbei. Aber sie hatten große, dicke Finger, und bei keiner paßte der Ring.

„Hat man auch jene Eselshaut kommen lassen, die mir neulich den Kuchen gebacken hat?" fragte der Prinz. Alle fingen an zu lachen und verneinten es. Man habe sie nicht geholt, weil sie zu schmutzig sei.

„Man hole sie auf der Stelle", sprach der König, „damit man nicht sagen soll, daß ich Ausnahmen mache."

So führte man Eselshaut mit Lachen und Spott herbei.

Die Prinzessin hatte wohl das Rufen der Herolde gehört und ahnte, daß ihr Ring den Lärm verursacht hatte. Sie liebte den Prinzen, aber sie war schüchtern, so daß sie nicht von allein gekommen war. Auch war sie heimlich voller Furcht, daß irgend einer anderen der Ring passen könnte. So war ihre Freude groß, als man an ihre Tür klopfte, um sie zu holen. Sie hatte ihr Haar sorgfältig geflochten, ihr silbernes Mieder und einen mit Edelsteinen besetzten Rock angezogen. Aber als sie das Klopfen hörte und zum Prinzen geführt werden sollte, nahm sie schnell wieder ihre Eselshaut um und öffnete die Tür.

Die Leute spotteten über sie und sagten, der König schicke nach ihr. Dann führten sie Eselshaut zum Prinzen, der über die Kleidung des Mädchens erstaunt war. Er konnte nicht glauben, daß er dieses Mädchen so prächtig und schön gesehen hatte. Traurig und enttäuscht redete er sie an:

„Bist du es, die in der kleinen Kammer hinter dem dunklen Gang auf dem Pachthof wohnt?"

„Ja", antwortete sie.

„Zeige mir deine Hand", sagte er zitternd und mit einem Seufzer.

Aber wie überrascht war er und mit ihm der König und die Königin, alle Kammerherren und Hofleute, als unter dieser schwarzen und schmutzigen Eselshaut eine kleine zarte, weiße Hand hervorkam, an deren kleinen Finger der Ring wie angegossen paßte.

Durch eine leichte Bewegung der Prinzessin fiel die Eselshaut zur Erde. Da stand sie in einer so hinreißenden Schönheit, daß der Prinz, so krank und schwach er auch noch war, ihr zu Füßen fiel und sie umarmte, so sehr, daß sie erröten mußte. Aber man merkte es gar nicht, weil der König und die Königin sie auch umarmten und sie fragten, ob sie wohl ihren Sohn heiraten wolle.

Die Prinzessin wollte gerade antworten, als die Fliederfee in einem fliederfarbenen Wagen erschien und der staunenden Menge nach und nach die ganze Geschichte der Prinzessin erzählte.

Der König und die Königin waren hocherfreut, daß Eselshaut eine Prinzessin war.

Die Ungeduld des Prinzen, die schöne Prinzessin zu heiraten, war so groß, daß er sich kaum die Zeit nahm, die nötigen Vorbereitungen zu einer so erhabenen Hochzeit zu treffen. Eilig wurden die

Einladungen verschickt. Auch der Vater der Prinzessin Eselshaut erhielt eine Einladung, ohne allerdings zu wissen, wer die schöne Braut sei. Die Fliederfee hatte es so verlangt.

Es kamen Könige aus allen Ländern dieser Welt. Einige kamen in Sänften oder Tragsesseln, andere in goldenen Kutschen. Die aus entfernten Ländern kamen auf Elefanten, Tigern oder Adlern. Aber der prächtigste war der Vater der Prinzessin. In der Zwischenzeit hatte er glücklicherweise seine unwürdige Liebe vergessen und eine schöne Witwe geheiratet.

Die Prinzessin eilte ihm entgegen. Er erkannte sie sogleich und umarmte sie mit großer Zärtlichkeit. Er verzieh ihr und sie verzieh ihm, so endete alles in Glück und Freude.

Die Hochzeit wurde mit aller erdenklichen Pracht gefeiert. Das junge Paar aber war kaum zugänglich für solchen Glanz, sie sahen nur sich.

Die Festlichkeiten dieser Hochzeit dauerten drei Monate. Aber die Liebe der beiden Gatten würde heute noch dauern, so groß war sie, wenn sie nicht hundert Jahre nach diesem Tag gestorben wären.

DIE TÖRICHTEN WÜNSCHE

Vor Zeiten lebte ein Holzfäller, der war so arm, daß er seines Lebens nicht recht froh werden konnte. Er dachte bei sich, daß er von Natur aus eben ein unglücklicher Mensch sei.

Doch eines Tages, als er wieder so vor sich hinjammerte, erschien ihm plötzlich Jupiter, der König der Götter. Der arme Holzfäller war durch den Anblick des Gottes, der Blitze schleudern kann, sehr verängstigt, und er warf sich vor ihm auf die Erde und sprach:

„Verschonet mich, o Göttervater,
mit Eurem Blitz- und Donnergroll,
ich tu auch alles, was ich soll,
und will in meiner kleinen Welt
zufrieden sein, wie's Euch gefällt!"

Doch Jupiter beruhigte ihn: „Fürchte dich nicht!“ sprach er.

„Dein Jammern hat mich hergeführt,
und deine Not hat mich gerührt.“

Und dann fuhr er fort: „Ich bin der höchste aller Götter und der Herr der Welt. Ich will deine Not lindern. Doch ich gebe dir nicht Gold oder andere Güter, du hast vielmehr drei Wünsche frei, die dir erfüllt werden. Alles, was du willst, was es auch sei, alles, was dich glücklich macht, wird dir erfüllt; du brauchst es nur zu wünschen. Also überlege gut, bevor du deine Wünsche äußerst.“

Mit diesen Worten stieg Jupiter wieder hinauf zum Himmel und verschwand. Der Holzfäller packte sein Reisigbündel und eilte nach Hause. Es war ihm leicht ums Herz und er wollte seiner Frau die frohe Botschaft bringen. Unterwegs ermahnte er sich selbst immer wieder, nicht unbedacht törichte Wünsche zu äußern und so vielleicht sein Glück zu verschenken.

Seine Frau bemerkte sogleich, daß etwas Besonderes gewesen war. Der Holzfäller befahl seiner Frau, mehr Holz aufzulegen, und dann erzählte er ihr, wie er dem Jupiter begegnet sei und daß er drei Wünsche frei habe.

Auch die Frau des Holzfällers stimmte ihrem Manne zu, daß sie sorgfältig überlegen müßten, was sie sich wünschen wollten, und sie machte ihrem Mann den Vorschlag, die Sache erst einmal zu überschlafen.

Ihr Mann war einverstanden, und um das Glück zu feiern, schickte er seine Frau in den Keller, die letzte Flasche Wein zu holen. Der Holzfäller hatte sich in dem Lehnstuhl ausgestreckt, trank den Rotwein, und wie er sich so ganz behaglich fühlte, sagte er:

„Jetzt wär noch eine Blutwurst recht,
ja, eine Blutwurst wünscht ich mir."

Kaum hatte er diese Worte ausgesprochen, da kam eine große schwarze Blutwurst durch die halboffene Tür geschlängelt und direkt auf seine Frau zu.

Die schrie vor Überraschung laut auf, doch als sie merkte, daß ihr Mann soeben seinen ersten Wunsch vergeben hatte, da schimpfte sie ihren Mann aus, und immer lauter und gellender kreischte sie:

„Für eine Blutwurst vertust du Gold, Perlen und Diamanten. Was bist du doch ein dummer, blöder Kerl!"

„Nun, es tut mir leid", antwortete der Holzfäller. „Was sonst soll ich noch sagen? Ich weiß, daß ich etwas sehr Törichtes getan habe. Aber ich habe ja noch zwei Wünsche frei und werde eben jetzt besser aufpassen müssen."

Als seine Frau immer weiter schimpfte, wurde er ärgerlich: „Ich habe gesagt, daß es mir leid tut.“

„Worte, nichts als Worte“, sagte seine Frau, „du bist so dumm wie du groß bist. Geh in den Stall, da kannst du bei den Ziegen schlafen!“

Der Holzfäller war schon drauf und dran, seine Frau dorthin zu wünschen, wo der Pfeffer wächst. Doch gerade noch rechtzeitig fiel ihm ein, daß damit der zweite seiner Wünsche verbraucht sein würde. Und so hielt er an sich und war still.

Doch die Frau gab keine Ruhe, immer lauter schimpfte sie und immer wieder zeterte sie über die blöde Blutwurst, bis schließlich der Holzfäller ärgerlich rief:

„Hör endlich auf mit der blöden Wurst,
steck sie dir an deine Nase!“

Kaum hatte er diese Worte gesagt, da hing die Wurst an der Nase seiner Frau, sie legte sich vor ihren Mund, so daß sie nicht mehr laut sprechen konnte.

Die Frau des Holzfällers war eine schöne Frau, doch mit der Blutwurst im Gesicht sah sie alles andere denn gut aus. Und als sie sich selbst im Spiegel sah, da weinte sie und bat ihren Mann inständig, er möge dafür sorgen, daß diese Wurst aus ihrem Gesicht wieder verschwinde.

Der Holzfäller überlegte und sagte zu seiner Frau:

„Nun habe ich nur noch einen Wunsch frei. Und ich muß sehr genau überlegen, was ich mir wünsche. Ich könnte jetzt wünschen, daß ich ein

Kaiser werde, der in aller Pracht auf seinem Thron sitzt. Aber was wäre das für ein Kaiser, dessen Frau eine so lange Blutwurst-Nase hat? Also entweder wird der letzte Wunsch verbraucht, um Macht und Reichtum zu erlangen, und du behältst die Blutwurst-Nase, oder der letzte Wunsch dient dazu, die häßliche Blutwurst-Nase wieder zu beseitigen.

Die Frau überlegte kurz und bat dann ihren Mann, doch dafür zu sorgen, daß sie wieder ihre alte Nase bekäme. Sie wünsche sich nichts sehnlicher.

Und weil der Holzfäller seine Frau liebte, so nahm er den letzten Wunsch und erfüllte damit die Bitte seiner Frau.

Er wurde also kein Kaiser, er füllte seine Säckel nicht mit Gold und Geld, er lebte mit seiner Frau weiter in Armut – aber zufrieden.

DIE SCHLAFENDE SCHÖNE IM WALDE

Vor Zeiten lebten einmal ein König und eine Königin, die waren sehr traurig, weil sie keine Kinder hatten. Sie waren so traurig, daß man es gar nicht sagen kann. Sie suchten alle berühmten Ärzte und Bäder auf, taten Gelübde und unternahmen Wallfahrten.

Schließlich wurde die Königin schwanger und gebar ein Mädchen. Eine prächtige Kindstaufe wurde gefeiert. Alle sieben guten Feen wurden eingeladen, daran teilzunehmen. Jede sollte ihr ein Patengeschenk geben, wie es damals Brauch bei den Feen war, damit die Prinzessin auf diese Weise alle nur denkbaren Vorzüge erhielt. Nach der Taufe begab sich die ganze Gesellschaft in den Palast des Königs, in welchem ein großes Festessen gegeben wurde.

Jeder Fee wurde ein kostbares Besteck in einem goldenen Futteral aufgelegt, ein Löffel, eine Gabel und ein Messer aus purem Gold, mit herrlichen Rubinen und glitzernden Diamanten verziert.

Aber als man sich an die Tafel setzen wollte, sah man eine alte Fee eintreten, die nicht eingeladen worden war. Sie war seit hundert Jahren nicht mehr aus ihrem Turm gekommen, und man hatte sie daher längst vergessen.

Der König ließ ihr ein Gedeck bringen, aber es war kein goldenes

Besteck mehr da. Man hatte nur sieben für die sieben Feen anfertigen lassen.

Die Alte glaubte, daß man sie geringschätzig behandeln wollte. Sie fühlte sich beleidigt und murmelte leise Drohungen vor sich hin.

Eine der jungen Feen, die neben ihr saß, hörte es, und weil sie dachte, daß die Alte der kleinen Prinzessin eine böse Gabe verleihen könnte, versteckte sie sich, sobald man von der Tafel aufgestanden war, hinter einem Wandschirm.

Sie wollte als letzte Fee ihre gute Gabe verleihen, und so gut es ihr möglich war, das Unglück mildern, das die Alte vielleicht anrichtete.

Die Feen hatten inzwischen begonnen, der Prinzessin ihre Geschenke zu überbringen. Die erste wünschte ihr Schönheit, die zweite gab ihr Klugheit, die dritte verlieh ihr Anmut, die vierte schenkte ihr eine Begabung zu anmutigen Tänzen, die fünfte gab ihr den Gesang der Nachtigall. Die sechste endlich gab ihr die Fähigkeit, jedes Musikinstrument mit höchster Vollendung zu spielen.

Dann kam die Reihe an die böse Fee. Bösartig zischte sie, die Prinzessin solle sich an einer Spindel stechen und daran sterben. Diese furchtbare Verwünschung erfüllte die ganze Gesellschaft mit Entsetzen und alle weinten und jammerten. Da trat die junge Fee hinter dem Wandschirm hervor und rief:

„Beruhigt Euch, Herr König und Frau Königin! Eure Tochter wird nicht wegen dieser Verwünschung sterben. Zwar kann ich die Verwünschung der alten Fee nicht aufheben, ich kann sie nur mildern. So wird sich die Prinzessin an einer Spindel stechen. Aber anstatt daran zu sterben, wird sie nur in einen tiefen Schlaf fallen, der hundert Jahre dauern soll. Nach dieser Zeit soll der Sohn eines Königs kommen und sie erwecken.“

Der König ergriff Maßnahmen, um dem durch die böse Fee verkündeten Unglück vorzubeugen. Er erließ auf der Stelle einen Befehl, worin es jedermann bei Todesstrafe verboten war, mit einer Spindel Garn zu spinnen oder auch nur Spindeln im Hause zu haben.

Fünfzehn Jahre waren vergangen, da besuchten der König und die Königin eines ihrer Lustschlösser. So konnte es geschehen, daß die junge Prinzessin eines Tages allein im Schloß herumlief und von Zimmer zu Zimmer ging. Sie stieg auf den hohen Schloßturm und gelangte dabei in eine kleine Kammer, in der eine alte Frau an ihrem Spinnrad saß und Flachs spann. Diese gute Alte hatte wohl nie von dem Verbot der Spindeln gehört, welches der König fünfzehn Jahre zuvor erlassen hatte.

„Was macht Ihr da, liebe Frau?“ fragte die Prinzessin.

„Ich spinne Flachs, mein schönes Kind“, antwortete die Alte.

„Und was ist das für ein Ding, das da so lustig tanzt und springt?“ fragte die Prinzessin weiter und griff nach der Spindel.

Kaum hatte sie die Spindel berührt, so stach sie sich und fiel in tiefen Schlaf.

Die gute Alte war ganz verstört. Sie rief um Hilfe. Von allen Seiten kamen Diener herbei, man goß der Prinzessin Wasser ins Gesicht, schnürte ihr das Mieder auf, rieb ihr die Hände und die Schläfen mit wohlriechenden Essenzen: aber nichts konnte sie aufwecken!

Der eiligst herbeigeholte König erinnerte sich an die Verwünschung der bösen Fee. Er ließ die Prinzessin im

schönsten Zimmer des Palastes auf ein mit Gold und Silber besticktes Bett legen. Sie war wunderschön anzusehen, ihre Wangen waren rosig und ihre Lippen so rot wie Korallen. Sie hatte die Augen geschlossen, aber man hörte sie sanft atmen. Daran konnte man erkennen, daß sie nicht tot war.

Der König befahl, sie ruhig schlafen zu lassen, bis die Stunde ihrer Erlösung gekommen sei.

Die gute Fee, die ihr das Leben gerettet, indem sie ihr einen hundertjährigen Schlaf gewünscht hatte, war zwölftausend Meilen weit entfernt im Königreich Ichweißnichtwo. Sie wurde durch einen buckligen Zwerg, der Siebenmeilenstiefel hatte, herbeigeholt. Die Fee reiste sofort ab, und schon nach einer Stunde kam sie in einem von Drachen gezogenen Feuerwagen an. Der König ging ihr entgegen und half ihr beim Aussteigen.

Die Fee dachte sich, die Prinzessin würde beim Aufwachen sehr ängstlich sein, wenn sie ihre Gespielinnen und Dienerinnen nicht vorfinden würde.

Deshalb berührte sie mit ihrem Zauberstab alles, was in dem alten Schloß war; und nur den König und die Königin ließ sie aus. Sie berührte die Haushälterinnen, die Ehrendamen, die Kammerfrauen, die Edelleute, die Offiziere, den Haushofmeister, die Köche, den Küchenjungen, die Läufer, die Wachen, den Türsteher, die Pagen und die Stallburschen. Sie berührte auch alle Pferde in den Pferdeställen und die Knechte, die großen Hofhunde und den kleinen Mops der Prinzessin, welcher bei ihr auf dem Bett lag.

Sofort schliefen alle ein, um erst mit der Prinzessin wieder zu erwachen und stets zu ihren Diensten zu sein.

Selbst die Bratenspieße am Feuer, voller Rebhühner und Fasanen, schliefen ein, und das Feuer erlosch.

Das alles geschah in einem Augenblick. Die Fee brauchte nicht viel Zeit zu ihrem Zauberwerk.

Nun verließen der König und die Königin das Schloß, nachdem sie ihr geliebtes Kind noch einmal geküßt hatten.

Der König ließ ein Verbot bekanntmachen, daß niemand sich dem Schloß nähern dürfe. Dieses Verbot war aber gar nicht nötig. Denn um den Palast herum war eine solche Menge kleiner und großer Bäume, ineinander verschlungener Sträucher und Dornenhecken gewachsen, daß weder Menschen noch Tiere hindurchgehen konnten. Nur die Turmspitzen des Schlosses waren noch zu sehen und auch die nur aus der Ferne.

Niemand zweifelte daran, daß die gute Fee dies getan hatte, damit die Prinzessin während ihres langen Schlafes nicht von Neugierigen belästigt wurde.

Nach hundert langen Jahren ritt ein Königssohn zur Jagd und kam dabei zum Schloß. Er kam an den verzauberten Platz und fragte, was das für Türme seien, die das dichte Gehölz überragten.

Jeder antwortete, was er wußte. Der eine sagte, daß es ein altes Gespensterschloß sei. Ein anderer wußte, daß alle Zauberer der Gegend dort ihre Feste feierten. Viele glaubten, daß ein Menschenfresser dort wohne und alle Kinder dahin trüge, die er fangen konnte, um sie in Ruhe aufzufressen. Nachspionieren könne dem Unhold niemand, da nur er allein einen Weg durch das Gehölz fände. Natürlich waren das alles nur Gerüchte, und der Prinz wußte nicht, was er davon halten sollte, als ein alter Bauer das Wort nahm und sprach:

„Mein Prinz, vor länger als fünfzig Jahren habe ich von meinem Vater gehört, daß sich in diesem Schloß eine verzauberte Prinzessin befinden soll, so schön, wie man sie heute gar nicht mehr sehen kann. Diese muß hundert Jahre schlafen und kann nur von einem Königssohn erweckt werden, für den sie bestimmt ist."

Der junge Prinz wurde glühendrot bei diesen Worten. Er glaubte, das Abenteuer bestehen zu können. Er beschloß, auf der Stelle nachzuschauen, was daran wäre.

Kaum näherte er sich dem Wald, als alle Bäume, Sträucher und Dornen sich von ganz allein auseinanderbogen, um ihn durchzulassen. Er ging geradewegs auf das Schloß zu, vor dem er eine

große Freitreppe erblickte. Ein wenig war er überrascht, weil ihm keiner von seinen Begleitern hatte folgen können. Die Bäume hatten sich wieder hinter ihm geschlossen, sobald er hindurchgeschritten war.

Dennoch setzte er seinen Weg fort. Er kam in einen großen Vorhof. Es herrschte eine vollkommene Stille ringsumher. Er fand nichts als schlafende Menschen und ruhende Tiere.

Einige hielten noch ein Glas Wein in der Hand, aus dem sie gerade getrunken hatten, als sie einschliefen.

Der Königssohn ging durch einen großen, mit Marmor gepflasterten Innenhof und stieg die Treppen hinauf. Dann trat er in einen Saal, in welchem die Leibwächter, in Reih und Glied aufgestellt, mit dem Gewehr auf der Schulter schnarchten. Er durchschritt mehrere Zimmer voller Edelleute und Hofdamen, alle in tiefstem Schlaf, die einen stehend, andere sitzend. Danach trat er in ein ganz vergoldetes Schlafzimmer.

Auf einem Bett, dessen Vorhänge nach allen Seiten offen waren, erblickte er das schönste Bild, das er jemals gesehen: die junge Prinzessin! Ihre unsagbare Schönheit hatte etwas Strahlendes. Er näherte sich voll Bewunderung und kniete sich neben sie und küßte sie.

Da erwachte die Prinzessin, denn ihre Verzauberung war zu Ende. Sie sah ihn mit zärtlichen, noch ganz verträumten Blicken an und fragte:

„Seid Ihr es, mein Prinz? Ihr habt lange auf Euch warten lassen.“

Der Prinz war ganz und gar bezaubert von diesen Worten. Er wußte nicht, wie er ihr seine Freude und seine Empfindungen bezeigen sollte.

Seine Gedanken waren ungeordnet und verworren, gefielen der Prinzessin aber sehr. Er war viel verlegener als sie, worüber man sich nicht zu wundern braucht, denn sie hatte lange Jahre Zeit gehabt, von dem zu träumen, was sie ihm sagen wollte.

Kurz und gut, sie sprachen viele Stunden miteinander und hatten doch noch längst nicht alles von dem gesagt, was sie sich zu sagen hatten.

Inzwischen war auch der ganze Palast mit all den Dienern und auch den Tieren aufgewacht. Jeder ging wieder an seine Arbeit.

Der Prinz half der Prinzessin beim Aufstehen. Sie war sehr prächtig gekleidet. Er hütete sich, ihr zu sagen, daß ihre Kleidung die größte Ähnlichkeit hatte mit der seiner Urgroßmutter, doch sie war deswegen nicht weniger schön.

Nun gingen beide in den Spiegelsaal und aßen, wobei sie von den erwachten Dienern bedient wurden. Die Musikanten spielten uralte Lieder, aber sie spielten sie ganz vortrefflich, obwohl sie seit hundert Jahren nicht mehr gepfiffen und gefiedelt hatten. Nach Tisch wurde der Hofkaplan geholt. Der traute das junge Paar in der Schloßkapelle. Die Ehrenjungfrauen begleiteten das Brautpaar bis vor das Brautgemach, und die Kammerzofe zog den Vorhang zu.

Die Prinzessin schloß während der ganzen Hochzeitsnacht kein Auge, denn während der letzten hundert Jahre hatte sie ja auch genug geschlafen. Und auch der Prinz wachte bis zum nächsten Morgen. Er kehrte allein in die Hauptstadt zurück, dort erwartete ihn sein Vater schon mit Sorge.

Der Prinz erzählte, er habe sich beim Jagen im Wald verirrt und die Nacht in der Hütte eines Köhlers zugebracht, der ihm schwarzes Brot und Ziegenkäse zu essen gegeben habe.

Der König, sein Vater, war ein gutmütiger

Mann und glaubte alle seine Ausreden; aber seine Mutter zweifelte daran.

Als sie nun sah, daß er fast alle Tage auf die Jagd ritt und daß er immer eine Entschuldigung bei der Hand hatte, wenn er zwei oder drei Nächte nicht heimkam, war sie davon überzeugt, daß er eine heimliche Liebschaft habe.

Inzwischen war der Prinz zwei Jahre mit der schönen Prinzessin verheiratet und hatte zwei Kinder bekommen. Das eine war ein bildschönes Mädchen und hieß Morgenröte, das zweite war ein Sohn, und er wurde Der Helle Tag genannt. Er schien noch schöner zu werden als seine Schwester.

Die alte Königin sagte mehrmals zu ihrem Sohn, um ihm ein Geständnis zu entlocken, daß er ein recht sonderbares Leben führe. Er freilich wagte nie, seiner strengen Mutter sein Geheimnis anzuvertrauen. Er fürchtete sie, auch wenn er sie liebte, denn sie war aus dem Geschlecht der Menschenfresser. Der alte König hatte sie seinerzeit nur wegen ihrer großen Reichtümer, nicht aber aus Liebe geheiratet. Man munkelte sogar am Hof ganz leise, daß auch sie diese verhängnisvolle Neigung zum Menschenfressen habe, und daß ihr das Wasser im Mund zusammenlaufe, wenn sie kleine, unschuldige Kinder sähe. Dann müsse sie sich mit Gewalt zurückhalten, damit sie sich nicht auf sie stürze. Darum wollte ihr der Prinz nie etwas gestehen.

Aber als der alte König nach zwei weiteren Jahren starb und der Prinz den Thron bestieg, gab er seine Heirat bekannt und holte mit großer Feierlichkeit seine Gemahlin, die neue Königin, und seine Kinder in sein Schloß.

Sie hielten einen prächtigen Einzug in die Hauptstadt, in der Prunkkalesche saß die Königin zwischen ihren beiden Kindern.

Bald darauf mußte der junge König in den Krieg ziehen gegen seinen Nachbarn, den Kaiser Cantalabutte.

Er übergab die Regentschaft des Reiches der Königin-Mutter und legte ihr zugleich seine Gemahlin und seine Kinder ans Herz.

Kaum war der König in den Krieg gezogen, da schickte die Königin-Mutter ihre Schwiegertochter und deren Kinder in ein abgelegenes Haus mitten im Walde. Dort dachte sie, ihre gräßliche Gier unentdeckt befriedigen zu können.

Ein paar Tage später reiste sie dorthin, und eines Abends sagte sie zu ihrem Haushofmeister:

„Ich will morgen die kleine Morgenröte zum Frühstück verspeisen."

„Mein Gott!" rief der Haushofmeister.

„Ich will es", wiederholte die Königin-Mutter mit Nachdruck.

Sie sagte das in dem bekannten Menschenfresserton, der geradezu nach frischem Fleisch schrie, und fügte hinzu: „Und zwar mit holländischer Pfeffersoße!"

Der arme Haushofmeister, der wohl fühlte, daß mit einer Menschenfresserin nicht zu spaßen sei, nahm sein großes Messer und ging hinauf in das Zimmer der kleinen Morgenröte. Die war gerade vier Jahre alt; sie kam lachend angesprungen, warf sich an seinen Hals und bat um Bonbons. Er fing an zu weinen, und das Messer fiel ihm aus der Hand.

Daraufhin ging er in den Viehhof, schlachtete ein Lamm und bereitete es mit so scharfer Soße, daß seine Herrin versicherte, noch niemals etwas so Wohlschmeckendes gegessen zu haben.

Zuvor hatte er die kleine Morgenröte mitgenommen und seiner Frau übergeben, die sie in ihrer Wohnung auf dem Hof versteckt hielt. Eine Woche später sagte die unersättliche Königin-Mutter zu ihrem Haushofmeister:

„Ich will den kleinen Hellen Tag zum Abendbrot verspeisen."

Er widersprach nicht, er war entschlossen, sie wie das erste Mal zu täuschen.

Er holte sich den kleinen Hellen Tag, der gerade mit einem Holzsäbel und einem Affen spielte. Er war erst drei Jahre alt. Der Haushofmeister brachte ihn seiner Frau, die ihn bei der kleinen Morgenröte versteckte. Der Menschenfresserin aber gab er statt des Kindes eine kleine Ziege, die ihr außerordentlich gut mundete.

Bis dahin war alles gutgegangen; eines Abends freilich sagte die verfressene Königin-Mutter zu ihrem Haushofmeister:

„Ich will die junge Königin verspeisen, mit derselben scharfen Soße zubereitet wie ihre Kinder."

Jetzt geriet der arme Haushofmeister in Verzweiflung. Er glaubte, seine Herrin nicht noch einmal täuschen zu können.

Um sein eigenes Leben zu retten, faßte er den Entschluß, die junge Königin zu schlachten. Also ging er in ihr Zimmer in der Absicht, es schnell hinter sich zu bringen.

Er sprach sich selber Mut zu und trat mit gezücktem Dolch zu der jungen Königin. Aber er wollte sie nicht meuchlings ermorden. So teilte er ihr höflich und ehrlich den Befehl der Königin-Mutter mit.

„Oh, tut Eure Pflicht", sagte sie zu ihm und hielt ihm ihren weißen Hals hin. „Führt den schrecklichen Befehl aus, den man Euch gegeben hat. So werde ich doch meine Kinder wiedersehen, meine armen, armen Kinder, die ich so sehr geliebt habe!"

Sie glaubte, die beiden wären tot, weil man sie ihr weggenommen hatte, ohne ihr etwas zu sagen.

„Nein, nein, Frau Königin", antwortete der bedauernswerte Haushofmeister ganz gerührt. „Ihr sollt nicht sterben und Eure Kinder sollt Ihr sogleich wiedersehen. Ich habe sie bei mir versteckt. Ich werde die Königin-Mutter noch einmal täuschen, indem ich ihr – statt Eurer – eine junge Hirschkuh zu essen gebe."

Er brachte sie sogleich in seine Wohnung, wo sie ihre Kinder umarmen und mit ihnen weinen konnte. Dort ließ er sie zurück, um eine Hirschkuh zuzubereiten, welche die Königin-Mutter mit demselben Appetit zum Abendbrot verspeiste. Sie nahm sich vor, dem König bei seiner Rückkunft zu sagen, die wilden Wölfe wären gekommen und hätten seine Frau und seine beiden Kinder gefressen.

Eines Abends jedoch, als sie wie gewöhnlich auf dem Viehhof des Schlosses umherstreifte, um etwas Frischfleisch aufzuspüren, hörte sie den kleinen Hellen Tag weinen.

Seine Mutter, die junge Königin, wollte ihn strafen, weil er unartig gewesen war; und sie hörte auch die kleine Morgenröte für ihren Bruder um Verzeihung bitten.

Die Menschenfresserin erkannte die Stimmen der Königin und ihrer Kinder. In ihrer Wut darüber, daß sie getäuscht worden war,

befahl sie am nächsten Morgen in einem so schrecklichen Menschenfresserton, daß jeder zitterte, einen großen Bottich in der Mitte des Hofes aufzustellen. Diesen Bottich ließ sie mit Giftkröten, Vipern und anderen giftigen Schlangen anfüllen. Sie wollte die Königin und ihre Kinder hineinwerfen lassen, und ebenfalls den Haushofmeister und seine Frau und deren Dienstmagd.

Da standen sie alle, die Hände auf dem Rücken zusammengebunden, und die Menschenfresserin wollte gerade den Befehl geben, sie zu packen und in den Bottich zu werfen, da sprengte der König – den niemand so bald erwartet hatte – über die Zugbrücke in den Hof. Verwundert fragte er, was dies zu bedeuten hätte.

Keiner hatte den Mut, ihm die Wahrheit zu sagen. Vor Wut, daß ihr Plan vereitelt war, stürzte sich die Menschenfresserin kopfüber in den Bottich, und im selben Augenblick wurde sie von den schrecklichen Tieren zu Tode gebissen. So hatte sie sich ihr eigenes Grab hergerichtet.

Der König war darüber betrübt, denn schließlich war sie ja seine Mutter; aber er tröstete sich bald bei seiner hübschen Frau und bei seinen wunderschönen Kindern.

ROTKÄPPCHEN

Es war einmal ein kleines Mädchen, ein liebes, herziges Kind, das alle Welt lieb hatte. Es war so hübsch, daß man es sich nicht hübscher denken konnte. Seine Mutter war ganz und gar in das Kind vernarrt und seine Großmutter noch viel mehr.

Diese gute Frau hatte der Kleinen ein rotes Käppchen genäht, und weil sie so hübsch damit aussah, sagte man überall „Rotkäppchen" zu ihr.

Eines Tages hatte die Mutter Kuchen gebacken und sagte nun zu dem Kind:

„Rotkäppchen, die Großmutter ist krank. Mach ihr einen Besuch und schau nach, wie es ihr geht! Bringe ihr frischen Kuchen und Wein und Butter."

Das brave Rotkäppchen machte sich sogleich auf den Weg, um nach seiner Großmutter zu sehen, die im Nachbardorf wohnte. Mitten im Wald jedoch, der zwischen den beiden Dörfern lag, traf es den schlimmen Wolf, der sofort große Lust bekam, das Mädchen aufzufressen; aber er zögerte noch, weil ein paar Holzfäller im Wald arbeiteten.

So fragte er das Rotkäppchen:

„Wohin des Wegs, mein Kind?"

Das Kind wußte nicht, wie gefährlich es ist, mitten im Wald stehenzubleiben, um einen Wolf anzuhören. Es antwortete ihm:

„Ich bin auf dem Weg zur Großmutter. Ich bringe ihr einen mit Zucker bestreuten Kuchen und Wein und ein Töpfchen mit Butter. Meine Mutter schickt mich zu ihr."

„Wohnt sie weit von hier, deine Großmutter?" erkundigte sich der Wolf.

„Nun ja", meinte das Rotkäppchen zögernd, „es ist noch ein ziemlicher Weg. Sie wohnt im Haus vor dem Dorf, dort hinter der Mühle."

„Sehr gut", entgegnete der Wolf. „Dann kann ich sie ja auch mal besuchen. Ich gehe auf diesem Weg hier zu ihr und du gehst auf jenem Weg: mal sehen, wer von uns beiden früher da ist!"

Der Wolf lief, so schnell er konnte, indem er den kürzesten Weg einschlug. Das kleine Mädchen ging den längeren Weg.

Es sammelte Haselnüsse, jagte den Schmetterlingen nach und pflückte sich einen kleinen Strauß aus Blumen, die am Wegesrand standen.

Es dauerte gar nicht lange, da war der Wolf am Haus der Großmutter angekommen.

„Poch, poch!" klopfte er an die Tür.

„Wer ist da?"

„Ich bin's, Rotkäppchen", sagte der Wolf mit verstellter Stimme. „Ich bringe dir einen Kuchen und Wein und Butter. Meine Mutter schickt mich zu dir."

Die gute Großmutter, die krank im Bette lag, rief ihm zu:

„Drücke die Klinke, dann geht die Tür von allein auf!"

Der Wolf drückte kräftig auf die Klinke, und schwupp! war er drinnen. Er stürzte sich auf die arme Frau und verschlang sie mit Haut und Haaren, denn er hatte seit mehr als drei Tagen nichts mehr gefressen.

Dann klinkte er die Tür wieder zu, legte sich ins Bett der Großmutter und wartete auf Rotkäppchen, das kurze Zeit später kam und an die Tür klopfte:

„Poch, poch!"

„Wer ist da?"

Als Rotkäppchen die rauhe Stimme des Wolfes vernahm, erschrak das Kind. Aber weil es annahm, daß die Großmutter nur stark erkältet sei, antwortete es:

„Ich bin's, Rotkäppchen. Ich bringe dir einen Kuchen und Wein und Butter. Meine Mutter schickt mich zu dir!"

Der Wolf versuchte, seine rauhe Stimme ein wenig sanfter zu machen, und rief:

„Drücke die Klinke herunter, dann geht die Tür von ganz allein auf!"

Rotkäppchen drückte die Klinke, und schon ging die Tür auf. Der Wolf kroch unter die Bettdecke und brummelte:

„Stell den Kuchen und den Wein und die Butter auf den Tisch, und dann komm ein bißchen zu mir."

Das Rotkäppchen setzte sich zur Großmutter aufs Bett. Es war aber sehr verwundert über das zottelige Nachtgewand, welches die Alte trug. Sehr erstaunt fragte es:

„Großmutter, was hast du für große Ohren?"

„Damit ich dich besser hören kann!"

„Großmutter, was hast du für große Augen?"

„Damit ich dich besser sehen kann!"

„Großmutter, was hast du für große Arme?"

„Damit ich dich besser fassen kann!"

„Großmutter, was hast du für entsetzlich große Zähne?"

„Damit ich dich besser fressen kann!"

Mit diesen Worten stürzte sich der böse Wolf auf das Rotkäppchen und verschlang es.

Aber das wäre ja eine ganz traurige Geschichte, wenn sie so enden sollte, und da gäbe es ja keine Gerechtigkeit auf Erden, wenn die Wölfe die Rotkäppchen so ungestraft fressen könnten.

Und darum geht unsere Geschichte weiter:
Der Wolf schlief ein, als hätte er das beste Gewissen, und er schnarchte so laut, daß es im ganzen Wald zu hören war. Dieses Schnarchen war sein Verderben. Der Jäger hörte es und kam herbei. Erst glaubte er, es sei die Großmutter, die da schnarchte. Wie er aber sah, daß es der Wolf war, dachte er sich gleich, daß der etwas im Leibe habe. So zog er sein großes Messer und schnitt dem Wolf den Bauch auf. Da sprang nicht nur das Rotkäppchen heraus, auch die Großmutter kam heraus.

Der Wolf, dem nichts so unangenehm war wie ein leerer Bauch, erwachte und machte große Augen, als er die Großmutter und das Rotkäppchen sah.

Er wollte sich erheben, als der Jäger ihn niederschoß.

„Das Böse muß am Ende bestraft werden", sagte der Jäger.

Und so kann unsere Geschichte enden.

BLAUBART

Es war einmal ein Mann, der besaß viele schöne Häuser in der Stadt und auf dem Lande, goldenes und silbernes Tafelgeschirr, Möbel mit gestickten Polstern und kostbaren Verzierungen und auch reichvergoldete Kutschen. Zu seinem Unglück jedoch hatte dieser Mann einen blauen Bart. Dieser Bart machte ihn so häßlich und so abstoßend, daß alle Frauen und Mädchen vor ihm davonliefen.

Eine seiner Nachbarinnen, eine vornehme Dame, hatte zwei wunderschöne Töchter. Er wollte eine davon zur Frau nehmen, aber er überließ es der Mutter, welche sie ihm geben wollte.

Die Mädchen aber wollten ihn beide nicht, und eine schob ihn der andern zu, weil sie sich nicht entschließen konnten, einen blaubärtigen Mann zu heiraten.

Was sie noch mehr abstieß, war, daß er schon mit mehreren Frauen verheiratet gewesen war und daß niemand wußte, was aus diesen Frauen geworden war.

Um sich näher kennenzulernen, führte Blaubart sie mit ihrer Mutter, einigen Freundinnen und drei oder vier jungen Leuten aus der Nachbarschaft auf eines seiner Landgüter, wo man acht Tage lang feierte. Da ging es hoch und lustig her bei Spazierfahrten, Jagdausflügen und Fischfang, Tanzbällen und Schmausereien: sie kamen fast nicht zum Schlafen, man verbrachte die Nächte damit, einander zu necken, zu scherzen und zu spielen. Kurz, es war so unterhaltsam, daß die Jüngere der beiden Schwestern Geschmack daran fand und den Hausherrn für einen ehrenwerten Mann hielt. Auch der blaue Bart störte sie nun nicht mehr. Gleich nach der Rückkehr in die Stadt wurde also die Hochzeit gefeiert.

Als ein Monat verstrichen war, sagte Blaubart zu seiner jungen Frau, er sehe sich gezwungen, wegen wichtiger Geschäfte eine Reise über Land zu machen. Erst nach sechs Wochen würde er wieder zurückkommen. Er bat sie, sich während seiner Abwesenheit gut zu amüsieren. Sie sollte ihre Freundinnen kommen lassen, sie mit aufs Land nehmen und sie reichlich bewirten.

„Hier gebe ich dir", sagte er zu ihr, „die Schlüssel zu den beiden großen Vorratskammern. Hier ist der Schlüssel für das goldene und silberne Tafelgeschirr, das nicht alle Tage gebraucht wird. Dieser andere Schlüssel paßt zu dem Kasten, in dem meine Edelsteine liegen, und dies ist der Hauptschlüssel, der alle Türen öffnet. Du kannst überallhin gehen. Dieser kleine Schlüssel aber gehört zur Tür des kleinen Zimmers am Ende des langen Ganges, ich verbiete dir, dieses zu öffnen. Wenn du es aber trotzdem öffnest, würde ich sehr zornig werden. Also, laß die Finger davon!"

Sie versprach, gehorsam zu sein und alles zu befolgen. Nachdem er sie dann noch einmal umarmt hatte, stieg er in seine Kutsche und reiste ab. Die Nachbarinnen und die guten Freundinnen warteten nicht, bis sie eingeladen wurden. Sie brannten vor Neugier, alle Reichtümer des Hauses zu sehen. Solange der Mann dagewesen war, hatten sie nicht zu kommen gewagt, so sehr fürchteten sie sich nämlich vor dem Blaubart. Jetzt durchliefen sie alle Zimmer, durchstöberten die Kammern, vor allem die Kleiderkammern, von denen die eine immer schöner war als die andere. Sie stiegen zu den Gästezimmern hinauf, bewunderten die Schönheit der Tapeten, die reichgeschnitzten Betten, die Sofas, die Armleuchter, die marmornen Tische und die Spiegel, in denen man sich von Kopf bis Fuß sah, und deren schöne und prachtvolle Rahmen.

Sie hörten nicht auf, ihrer Freundin wegen ihres Glücks schönzutun und sie zu beneiden. Der aber lag wenig daran, die vielen Reichtümer zu betrachten, denn die Neugierde verzehrte sie. Sie wollte das Zimmer im unteren Stock am Ende des langen Ganges öffnen.

Ihre Neugierde plagte sie so sehr, daß sie sich keine Gedanken darüber machte, daß es unhöflich war, ihre Gäste sich selbst zu überlassen. Sie stieg eine kleine geheime Wendeltreppe hinunter, so eilig, daß sie zwei- oder dreimal stolperte und fast gestürzt wäre.

Als sie an die Tür des kleinen Zimmers gekommen war, stand sie einen Augenblick zögernd und

dachte an das Verbot ihres Mannes. Sie überlegte, daß es ihr Unglück bringen könne, wenn sie ungehorsam wäre.

Aber die Versuchung war zu groß, sie konnte nicht widerstehen.

Sie nahm den kleinen Schlüssel, der für die Kammer bestimmt war, und öffnete vor Aufregung zitternd die Tür.

Zuerst sah sie gar nichts, weil die Fenstervorhänge zugezogen waren. Etwas später freilich erkannte sie, daß der Fußboden mit geronnenem Blut bedeckt war und daß sich in diesem Blut die Körper von mehreren toten Frauen spiegelten, die an den Wänden festgebunden waren. Es waren die Frauen, die Blaubart – eine nach der anderen – geheiratet und ermordet hatte!

Sie zitterte vor Angst, der Schlüssel, den sie aus dem Schloß gezogen hatte, fiel ihr aus der Hand.

Als sie sich etwas gefaßt hatte, hob sie schnell den Schlüssel vom Boden auf, schloß die Tür wieder zu und ging in ihr Zimmer hinauf, um sich zu sammeln und sich von ihrem Schrecken zu erholen. Aber sie konnte sich nicht beruhigen; sie war zu aufgeregt!

Da bemerkte sie, daß der Schlüssel mit Blut befleckt war. Sie wischte ihn ab, aber das Blut ging nicht fort.

Sie konnte den Schlüssel noch so viel waschen und mit Scheuersand abreiben, das Blut blieb immer daran!

Der Schlüssel war verzaubert, es war nicht möglich, ihn zu reinigen. Wenn das Blut an der einen Stelle abgewaschen war, kam es an einer anderen wieder zum Vorschein.

Blaubart kam noch am selben Abend zurück und sagte, daß er unterwegs eine Nachricht erhalten habe, daß sich das Geschäft bereits erfolgreich erledigt habe.

Seine Frau tat alles mögliche, um ihm zu zeigen, daß sie über seine schnelle Rückkehr hocherfreut war.

Am nächsten Morgen forderte er die Schlüssel von ihr zurück. Sie gab sie ihm, aber mit so zitternden Händen, daß er ohne Mühe erriet, was vorgegangen war.

„Warum ist der Schlüssel zu dem kleinen Zimmer nicht dabei?“ fragte er.

„Ich muß ihn oben auf meinem Nachttisch liegengelassen haben“, sagte sie.

„Hole ihn mir sofort her“, antwortete Blaubart.

Nach einigem Zögern mußte sie den Schlüssel bringen. Blaubart betrachtete ihn und sagte zu seiner Frau:

„Woher kommt das Blut an diesem Schlüssel?“

„Ich weiß es nicht“, antwortete die arme Frau, bleich wie der Tod.

„Du weißt es nicht?“ fragte Blaubart höhnisch. „Aber ich weiß es genau: du wolltest in das kleine Zimmer gehen! Nun, meine Liebe, du sollst hineingehen! Du sollst deinen Platz einnehmen bei den Damen, die du dort gesehen hast.“

Sie warf sich ihrem Mann zu Füßen. Sie weinte und flehte um Verzeihung wegen ihres Ungehorsams. Sie hätte eher einen Stein erweichen können als Blaubarts Herz, das härter war als der härteste Stein.

„Du mußt sterben“, sagte er, „und zwar auf der Stelle!“

„Wenn ich denn sterben soll“, jammerte sie, indem sie ihn mit Augen, in denen die Tränen schwammen, ansah, „so gib mir noch Zeit, damit ich vorher beten kann.“

„Ich gebe dir die Hälfte einer Viertelstunde“, schnaufte Blaubart. „Keine Sekunde mehr.“

„Als sie allein in ihrem Zimmer war, rief sie ihre Schwester und sagte zu ihr: „Liebe Schwester Anna“, denn so hieß sie, „ich bitte dich, steige geschwind auf den Turm und sieh nach, ob meine Brüder schon kommen. Sie haben

mir versprochen, mich heute zu besuchen; und wenn du sie kommen siehst, so gib ihnen ein Zeichen; sie sollen sich beeilen."

Die Schwester stieg auf den Turm, und die arme, betrübte Frau rief in ihrer Angst von Zeit zu Zeit hinauf:

„Anna, liebe Schwester, siehst du sie denn nicht kommen?"

Und die Schwester antwortete: „Ich sehe nichts als Sonnenstaub und grünendes Gras."

„Nun komm endlich her", rief Blaubart von unten.

„Ich komme gleich", vertröstete ihn die verängstigte Frau, und dann rief sie wieder, aber etwas leiser, zum Turm hinauf:

„Anna, liebe Schwester, siehst du sie denn nicht kommen?"

„Ich sehe etwas", antwortete die Schwester, „das sich auf uns zu bewegt."

„Sind es meine Brüder?"

„Nein, leider nicht, liebe Schwester: es ist nur eine Schafherde!"

„Willst du nun endlich herunterkommen?" schrie Blaubart.

„Noch einen Augenblick", gab seine Frau zur Antwort, und dann fragte sie mit zitternder Stimme:

„Anna, liebe Schwester, siehst du sie denn immer noch nicht kommen?"

„Ich sehe nichts", antwortete sie, „als einen schwarzen Punkt am Horizont."

Unterdessen schrie Blaubart, der ein breites Messer in der Hand hielt, aus allen Kräften:

„Komm jetzt sofort herunter, oder ich steige hinauf!"

„Noch einen Augenblick, ich bitte dich!" antwortete ihm seine arme Frau. Und zum Turm hinauf rief sie eindringlich: „Anna, liebe Schwester, siehst du denn noch immer nichts?"

Und die Schwester antwortete: „Ich sehe zwei Reiter in einer dicken Staubwolke. Aber sie sind noch sehr weit."

„Gott sei gelobt!", rief sie da, „das sind meine Brüder."

„Ich gebe ihnen Zeichen, damit sie sich beeilen", gab die Schwester Bescheid.

Blaubart fing so furchtbar an zu schreien, daß das ganze Haus davon erzitterte. Die arme Frau stieg nun langsam die Treppe hinunter und warf sich ganz in Tränen und mit aufgelöstem Haar zu seinen Füßen.

„Es hilft dir nichts", sagte Blaubart. „Du mußt sterben."

Unbarmherzig packte er sie mit einer Hand bei den Haaren, und mit der anderen hob er das Messer, um ihr den Kopf abzuschlagen. Die Hilflose sah ihn flehentlich an und bat um einen einzigen Augenblick, um sich zu sammeln.

„Nein, nein“, grollte er, „befiel deine Seele dem Himmel.“

Dann hob er seinen Arm, um zum Schlag auszuholen...

In diesem Augenblick klopfte es so heftig an der Tür, daß Blaubart innehielt. Die Tür wurde aufgestoßen, und sogleich kamen zwei Männer herein, die sich mit dem Degen in der Hand auf Blaubart stürzten. Es waren die Brüder seiner Frau, der eine ein Dragoner, der andere ein Musketier. Schnell lief der Blaubart davon, um sich zu retten. Aber die beiden Brüder blieben ihm hart auf den Fersen und holten ihn ein, noch ehe er die Treppe nach draußen erreichen konnte. Sie stießen ihm ihre Degen durch den Leib und ließen ihn tot liegen.

Die arme Frau aber hatte nicht einmal mehr die Kraft, um aufzustehen und ihre Brüder zu umarmen.

Blaubart hatte keine Erben, und so fiel das gesamte Vermögen seiner Frau zu. Einen Teil davon gab sie ihrer Schwester Anna, die sich davon eine Aussteuer beschaffte und einen jungen Edelmann heiratete, den sie schon lange liebte. Ihren beiden Brüdern kaufte sie Offizierspatente. Und sie selbst heiratete einen rechtschaffenen Mann, bei dem sie die schwere Stunde vergaß, die sie bei Blaubart verlebt hatte.

MEISTER KATER

Es war einmal ein Müller, der hinterließ bei seinem Tod seinen drei Kindern nur eine alte Mühle, einen Esel und einen Kater. Das Erbe war schnell geteilt, weder das Erbschaftsgericht noch ein Notar wurden dazu gerufen; die Gerichtskosten hätten sicher das gesamte armselige Erbe aufgezehrt.

Der Älteste bekam die Mühle, der Zweite den Esel, und für den Jüngsten blieb nur der Kater. Damit war der Jüngste unzufrieden. Er dachte nämlich, er hätte einen zu geringen Teil erhalten.

„Meine Brüder können sich ihren Lebensunterhalt verdienen, wenn sie sich zusammentun. Ich dagegen muß verhungern, wenn ich meinen Kater aufgegessen habe. Aus seinem Fell kann ich mir höchstens ein paar Handschuhe machen.“

Der Kater hatte bei diesem Selbstgespräch zugehört. Er ließ sich aber nichts anmerken, sondern sagte mit ernster und wichtiger Miene zu seinem Herrn:

„Seid nicht traurig, mein lieber Herr. Gebt mir einen Sack und laßt mir ein Paar

Stiefel anfertigen, damit ich im Wald durch das dornige Unterholz laufen kann. Ihr werden sehen, daß Euer Erbteil gar nicht so schlecht ist, wie Ihr jetzt glaubt.“

Der jüngste Sohn hielt zwar nicht viel von diesem Vorschlag, aber er hatte dem Kater schon oft zugesehen, wenn er Jagd auf Ratten und Mäuse machte, sich dabei tot stellte oder im Mehl versteckte, daß er ihm so viel Klugheit und Geschicklichkeit zutraute, um von ihm in seiner Not und Armut Hilfe zu bekommen.

Als der Kater hatte, was er wollte, zog er sich die Stiefel an, nahm den Sack um den Hals, wobei er die Bänder mit den Vorderpfoten festhielt, und machte sich auf den Weg zum Wald, in dem es viele Kaninchen gab.

Er tat Klee und Kleie in seinen Sack und streckte sich selber auf dem Waldboden aus, als ob er tot sei, und wartete geduldig, bis ein unerfahrenes Kaninchen, das die Tücken dieser Welt noch nicht kannte, in seinen Sack hineinschlüpfte, um von dem Klee oder von der Kleie zu naschen.

Kaum hatte er sich hingelegt, ging auch schon seine listige Rechnung auf: ein junges, unbekümmertes Kaninchen kroch in seinen Sack, um sich zu laben. Meister Kater zog sogleich die

Schlinge zu, packte es und machte ihm ohne Erbarmen den Garaus. Stolz lief er nun mit seiner Beute zum König und verlangte, ihn zu sprechen.

Man führte ihn in den Thronsaal seiner Majestät. Allsogleich machte er vor dem König eine tiefe Verbeugung und sagte freundlich schnurrend zu ihm:

„Hier, Majestät, bringe ich Euch ein Kaninchen aus dem Gehege des Marquis von Carabas.“ (Diesen Namen gab er seinem Herrn ganz unbekümmert, und er hätte ihn genauso gut Baron von Habenichts nennen können.) „Er hat mich beauftragt“, fuhr er fort, „es Euch in seinem Namen untertänigst zu überreichen.“

„Sage deinem Herrn“, antwortete der König, „daß ich ihm freundlich danke, und sage ihm, er habe mir damit eine große Freude gemacht. Es ist so selten, daß Untertanen an ihren König denken.“

Ein anderes Mal versteckte sich der Kater in einem Kornfeld und legte den offenen Sack wieder hin. Als zwei Rebhühner hineingeschlüpft waren, zog er die Schlinge zu und packte sie alle beide. Dann begab er sich wieder zum König und überreichte sie geradeso wie vorher das Kaninchen. Der König nahm die beiden Rebhühner mit Freude entgegen und ließ ihm sogar ein Trinkgeld geben.

So brachte er zwei oder drei Monate lang dem König von Zeit zu Zeit irgendein Stück Wildbret aus der angeblichen Jagdbeute seines Herrn. Als er jedoch eines Tages erfuhr, daß der König mit seiner Tochter, der schönsten Prinzessin der Welt, am Ufer des Flusses spazierenfahren wollte, sagte er gewitzt zu seinem Herrn:

„Wenn Ihr jetzt meinem Rat folgt, wird Euer Glück bald gemacht sein.

Ihr braucht nur im Fluß zu baden, an einer Stelle, die ich Euch noch zeigen werde. Den Rest laßt mich nur machen!“

Der „Marquis von Carabas“ tat, was sein Kater ihm geraten, ohne zu wissen, weshalb und wozu das gut sein sollte.

Als er nun gerade badete, kam der König vorbei, und der Kater fing an, aus Leibeskräften zu schreien:

„Hilfe! Zu Hilfe! Der Marquis von Carabas muß elendig ertrinken!“

Auf dieses Geschrei hin streckte der König sein Haupt aus dem Kutschenfenster. Als er den Kater erkannte, der ihm so oft Wildbret gebracht hatte, befahl er seiner Leibwache, dem Herrn von Carabas schnell zu Hilfe zu eilen.

Während man den armen Marquis aus dem Wasser zog, näherte sich der Kater der königlichen Kutsche und sagte, daß freche Diebe seinem badenden Herrn die Kleider gestohlen hätten, obwohl er – der Kater – aus Leibeskräften „Haltet den Dieb!“ geschrien habe.

Die Wahrheit war allerdings, daß der Schlauberger die zerlumpten Kleider unter einem großen Stein versteckt hatte.

Der König befahl sogleich seinem Leibdiener, eines seiner prächtigsten Staatsgewänder für den Marquis von Carabas zu holen. Der König überhäufte ihn mit Freundlichkeiten, und da die prächtigen Kleidungsstücke, die man herbeigeschafft hatte, sein gutes Aussehen erst so recht zur Geltung brachten, denn er war jung und stattlich, fand ihn die Tochter des Königs ganz nach ihrem Geschmack. Der Marquis von Carabas brauchte ihr gar nicht mehr als zwei oder drei sehr ehrfurchtsvolle und

dabei doch ein wenig zärtliche Blicke zuzuwerfen, als sie auch schon unsterblich in ihn verliebt war.

Der König bestand darauf, er solle in den Prunkwagen steigen und mit ihnen spazierenfahren.

Der Kater, ganz entzückt und zufrieden darüber, daß sein Plan gelungen war, stiefelte voran. Als er auf einer Wiese ein paar Bauern beim Mähen antraf, sagte er zu ihnen:

„Ihr guten Leute, die ihr hier mäht: wenn ihr nicht sagt, daß diese Wiese dem Herrn von Carabas gehört, so wird man aus euch Hackfleisch machen!"

Richtig fragte auch der König, wem diese Wiese gehöre, die sie mähten. „Dem edlen Herrn von Carabas", riefen sie wie aus einem Munde, denn die Drohung des Katers hatte sie eingeschüchtert und ihnen Angst gemacht.

„Da habt Ihr einen herrlichen Besitz", sagte seine Majestät zum Marquis von Carabas.

„Sehr wohl, Sire", antwortete der Marquis. „Diese Wiese bringt in jedem Sommer recht gute Erträge."

Meister Kater, der immer vorneweg rannte, kam nun zu ein paar Schnittern und herrschte sie an:

„Ihr Leute, sagt dem König, daß alles Korn auf dem Feld dem Marquis von Carabas gehört, sonst wird man Hackfleisch aus euch machen!“

Der König versäumte nicht, als er einen Augenblick später vorüberkam, die Mäher nach dem Eigentümer der Kornfelder zu fragen, die er hier sah.

„Sie gehören dem Marquis von Carabas“, gaben die Schnitter zur Antwort, denn auch sie fürchteten die Drohung des Katers.

Der König freute sich, und der Marquis nickte nur stolz, indem er auf „seinen Besitz“ herabsah.

Der Kater, der ständig dem Wagen vorausstiefelte, sagte immer allen Leuten, denen er begegnete, dasselbe, und der König war erstaunt über die riesigen Ländereien und den Reichtum des Marquis von Carabas.

Zum Schluß kam Meister Kater vor ein schönes Schloß. Dessen Besitzer war ein Menschenfresser und außerdem ein Zauberer. Er war der reichste Menschenfresser auf Erden, denn alle Güter und Besitztümer, durch welche der König gefahren war, gehörten ihm.

Der kecke Kater erkundigte sich sogleich, wer dieser Menschenfresser denn sei und welche Eigenschaften er habe. Er verlangte nachdrücklich, ihn zu sprechen, und sagte, daß er nicht so nahe am Schloß vorübergehen wolle, ohne dem großen Zaubermeister seine Aufwartung zu machen.

Der Menschenfresser empfing den Kater so höflich, wie es bei einem Menschenfresser nur möglich ist, und bat ihn, sich zu setzen.

„Man hat mir versichert“, sagte der Kater, „daß Ihr die Gabe hättet, Euch in bestimmte Tiere zu verwandeln, daß Ihr Euch etwa in einen Löwen oder sogar in einen Elefanten verwandeln könntet, wenn es Euch nur beliebt.“

„Das ist wahr“, grunzte der Menschenfresser grimmig. „Ich will es dir auch auf der Stelle beweisen: du sollst mich sogleich als Löwen sehen!“

Der Kater war so erschrocken, einen leibhaftigen Löwen vor sich zu sehen, daß er sogleich auf die Dachrinne sprang. Weil er Stiefel trug, war das nicht ungefährlich für ihn, denn Stiefel sind nicht dazu geeignet, mit ihnen auf den Dachziegeln

herumzuklettern. Als der Zaubermeister sich wieder in seine ursprüngliche Gestalt zurückverwandelt hatte, stieg der Kater vom Dach herab, machte dem Zauberer große Komplimente und gab zu, große Angst gehabt zu haben. Der Zauberer konnte darüber nur dröhnend lachen.

„Man hat mir auch versichert", sagte der Kater daraufhin, „aber ich mag es gar nicht glauben, daß Ihr sogar die Geschicklichkeit hättet, die Gestalt der allerkleinsten Tiere anzunehmen, Euch etwa sogar in eine Ratte oder eine Maus zu verwandeln. Ich muß Euch gestehen, daß ich dies für ganz und gar unmöglich halte."

„Unmöglich?" knurrte der Unhold. „Für mich ist nichts unmöglich: du sollst es sehen!"

Sogleich verwandelte er sich in eine Maus und fing an, auf dem Fußboden herumzulaufen.

Kaum hatte der Kater die Maus erblickt, da packte er sie im Sprung und fraß sie auf.

Inzwischen war der König am Schloß des Menschenfressers vorgefahren.

Der Kater hörte das Rumpeln der Kutsche, die über die Zugbrücke rollte. Er lief dem König entgegen, verbeugte sich tief und sagte zu ihm:

„Willkommen, Euer Majestät, in dem Schloß des Herrn von Carabas."

„Wie, Herr Marquis", rief der König erstaunt aus, „dieses Schloß gehört Euch auch? Es gibt

bestimmt nichts Schöneres als diesen Palast. Welch eine prächtige Hofeinfahrt! Erlaubt, daß wir auch das Innere besichtigen!“

Der Marquis reichte der jungen Prinzessin den Arm und folgte dem König, der zuerst die Freitreppe hinaufstieg. Sie traten in einen geschmückten Saal, in dem ein köstliches Festmahl sie erwartete, welches der Menschenfresser für seine Freunde hatte bereiten lassen. Sie wollten ihn an diesem Tag besuchen, hatten es aber nicht gewagt zu kommen, als sie hörten, daß der König dort eingekehrt war.

Der König war nun vollkommen von der Vortrefflichkeit des Marquis von Carabas überzeugt, genau wie seine Tochter, die ebenfalls ganz hingerissen war. Als er das prachtvolle Schloß besichtigt und nachdem er fünf oder sechs Gläser von dem köstlichen Wein getrunken hatte, sagte er zu ihm:

„Herr Marquis, es steht nun bei Euch, ob Ihr mein Schwiegersohn werden wollt.“

Der Marquis machte eine höfliche Verbeugung und nahm die Ehre an, welche der König ihm erwies: er heiratete die schöne Prinzessin noch am gleichen Tag!

Der Kater aber wurde ein vornehmer Herr am Hof und ging nur noch zum Spaß und zu seiner Zerstreuung und Belustigung auf Mäusejagd.

DIE GESCHENKE DER FEE

Es lebte einst eine Witwe, die hatte zwei Töchter. Die ältere Tochter glich in Aussehen und Charakter so sehr ihrer Mutter, daß jedermann sie verwechselte, der nur eine von den beiden allein sah. Beide waren so unausstehlich und eingebildet, daß man nicht mit ihnen auskommen konnte.

Die jüngere hingegen war wie ihr verstorbener Vater sanft und redlich. Außerdem war sie eines der schönsten Mädchen, das man sich vorstellen konnte.

Da man sein Ebenbild von Natur aus liebt, war die Mutter ganz vernarrt in ihre älteste Tochter. Gegen die jüngere jedoch zeigte sie eine nicht zu verbergende Abneigung. Sie mußte in der Küche essen und kannte nichts als Arbeit.

Neben anderem mußte dieses Kind zweimal am Tag Wasser holen gehen, jedesmal mußte es eine große Kanne mit Wasser heimschleppen. Der Brunnen war über eine halbe Meile vom Haus entfernt.

Eines Tages, als die Kleine wieder einmal am Brunnen Wasser schöpfte, trat ein altes Weib auf sie zu und bat um einen Schluck Wasser.

„Hier hast du zu trinken, Mütterchen“, sagte das schöne Kind und schöpfte frisches Wasser und reichte es der zittrigen Alten, wobei es die ganze Zeit über die Kanne hielt, damit die alte Frau bequemer trinken konnte und nichts verschüttete. Als sich die gute Alte sattgetrunken hatte, sagte sie:

„Du bist so gut, so hübsch und so höflich, daß ich dir ein Geschenk machen will.“

Die Alte war nämlich in Wirklichkeit eine Fee. Sie hatte die Gestalt einer armen Bauersfrau angenommen, um zu sehen, wie es um die Herzensgüte dieses Mädchens bestellt war. Sie fuhr fort:

„Ich gebe dir als Geschenk, daß dir bei jedem Wort, das du redest, eine Blume oder ein Edelstein aus dem Mund fallen soll.“

Als die arme Tochter nach Hause kam, schalt die Mutter sie aus, weil sie so lange ausgeblieben war.

„Verzeih mir, liebe Mutter“, sagte das Mädchen, „daß ich so lange ausblieb.“ Und während es sprach, kullerten zwei Rosen, zwei Perlen und zwei große Diamanten aus seinem Mund.

„Was ist denn das?“ rief die Mutter erstaunt. „Da kommen ja Diamanten und Perlen aus deinem Mund! Wie ist das möglich, mein Töchterchen?“

Dies war das erstemal, daß sie das Kind ihr Töchterchen nannte.

Das arglose Mädchen berichtete ihr nun ganz unbefangen, was geschehen war, und spuckte dabei eine Unmenge Diamanten aus.

„Das ist ja wunderbar!“ sagte die Mutter erfreut. „Ich muß meine andere Tochter auch dorthin schicken. Komm her, mein Liebling! Sieh dir nur einmal

an, was aus dem Mund deiner Schwester hervorkullert, wenn sie redet. Wärst du nicht glücklich, wenn du dieselbe Gabe hättest? Du brauchst nur zum Wasserschöpfen an den Brunnen zu gehen. Wenn dich dann ein armes Weib um etwas zu trinken bittet, mußt du ihm etwas geben."

„Das würde gut zu mir passen", antwortete die eingebildete Schwester schnippisch. „Ich bin doch noch nie zum Brunnen gegangen! Mag sich mit der schweren Kanne abschleppen, wer will."

„Ich will aber, daß du hingehst", erwiderte die Mutter mit Nachdruck, „und zwar sofort!"

Sie ging hin, aber sie murrte dabei unaufhörlich. Sie nahm den kleinsten Krug, der im Haus war. Kaum war sie am Brunnen angelangt, sah sie eine prächtig gekleidete Dame aus dem Wald herauskommen, die höflich um einen Schluck Wasser bat. Es war die gleiche Fee, die auch ihrer Schwester erschienen war. Doch hatte sie diesmal das Aussehen und die Kleidung einer Prinzessin angenommen, um zu sehen, wie weit die Unredlichkeit dieses Mädchens gehen würde.

„Bin ich etwa hierhergekommen, um Euch aus meinem silbernen Krug trinken zu lassen?" sagte das eingebildete und garstige Mädchen zu ihr. „Habe ich etwa deshalb den Krug hergeschleppt, damit Ihr daraus schlürfen könnt? Ich gebe Euch den Rat: trinkt aus der hohlen Hand, wenn Ihr durstig seid!"

„Du bist nicht sehr höflich", erwiderte die Fee gelassen.

„Nun wohl! Weil du so ungefällig bist, verleihe ich dir die Gabe, daß bei jedem Wort, das du sprichst, aus deinem Mund eine Kröte oder eine Schlange herausschlüpfen soll."

Sobald ihre Mutter sie erblickte, rief sie ihr zu:

„Nun, meine liebe Tochter?"
„Ei nun", antwortete das ungehobelte Mädchen und spuckte zwei Schlangen und zwei Kröten aus.
„Gütiger Himmel, was muß ich sehen?" jammerte die Mutter.
„An all dem ist nur deine dumme Schwester schuld: sie soll es mir büßen!"
Und sogleich lief sie zu ihr, um sie durchzuprügeln. Das arme Kind entfloh und lief in einen nahen Wald. Dort brachte es sich in Sicherheit.
Zufällig kam dort der Sohn des Königs vorbei, der gerade von der Jagd zurückkehrte. Als er das schöne Mädchen sah, fragte er, was es ganz allein hier mache und warum es weine.
„Ach, mein Herr, meine Mutter hat mich aus dem Haus gejagt!"
Als der Königssohn fünf oder sechs Diamanten und ebenso viele Perlen aus dem Mund des Mädchens fallen sah, wollte er wissen, woher das käme.
Das Mädchen erzählte ihm alles, und der Prinz gewann es lieb. Er überlegte, daß eine solche Begabung mehr einbrachte als das wertvollste Heiratsgut. Deshalb führte er es in den Palast seines Vaters, des Königs, und heiratete es dort.
Was nun die garstige Schwester betraf, so machte sich diese so verhaßt, daß ihre Mutter sie ebenfalls aus dem Haus jagte. Die Unglückliche lief lange Zeit herum, ohne jemanden zu finden, der sich ihrer annahm. In einem Winkel des Waldes ging sie jämmerlich zugrunde.

ASCHENPUTTEL ODER DER GLÄSERNE PANTOFFEL

Vor Zeiten lebte einmal ein Edelmann, der heiratete in zweiter Ehe eine so stolze und hochmütige Frau, wie es sie nur einmal auf dieser Erde gab. Sie hatte zwei Töchter, die ihr in allen Dingen ähnelten.

Der Edelmann seinerseits hatte eine junge Tochter, aber die war von beispielloser Sanftmut und Güte. Sie hatte das von ihrer verstorbenen Mutter geerbt, die die beste Frau der Welt gewesen war.

Die Hochzeit war kaum vorüber, als die Stiefmutter ihrer Bosheit freien Lauf ließ. Sie ärgerte sich über die guten Eigenschaften des lieben Mädchens, welche das Wesen ihrer leiblichen Kinder in ein schlechtes Licht rückten.

Sie übertrug ihrer Stieftochter die schmutzigsten Arbeiten

im Haus. Sie mußte die Töpfe und die Treppen scheuern, das Zimmer ihrer Mutter und ihrer Stiefschwestern ausfegen. Sie mußte in einer Dachkammer auf einem Strohsack schlafen, während ihre Schwestern Zimmer mit getäfeltem Fußboden bewohnten, in denen Himmelbetten waren und Spiegel, in welchen sie sich von Kopf bis Fuß betrachten konnten.

Das arme Mädchen ertrug alles mit größter Geduld und wagte nicht, sich bei seinem Vater zu beschweren, der es doch nur gescholten hätte, so sehr stand er unter dem Pantoffel seiner Frau, der arme Mann.

Wenn es seine Arbeit getan hatte, setzte es sich in die warme Ecke neben den Herd und spielte in der Asche. Deshalb nannte man es im Haus „Aschenputtel“. Aber Aschenputtel war trotz seiner schmutzigen Kleidung doch hundertmal schöner als seine herausgeputzten Schwestern.

Nun geschah es einmal, daß der Sohn des Königs einen Ball gab und alle vornehmen Leute dazu einlud. Auch die beiden hochmütigen Töchter wurden eingeladen. Sie waren sehr froh darüber und auch sehr beschäftigt, den Putz und Schmuck auszusuchen, der sie am besten kleiden sollte. Für Aschenputtel bedeutete dies nur eine weitere Arbeit. Es mußte die Wäsche seiner Schwestern bügeln und ihre Halskrausen fälteln. Man redete nur noch über die Ballkleider und davon, welche Juwelen sie tragen wollten.

„Ich“, protzte die Ältere, „ich werde mein rotes Kleid aus Samt mit den Brüsseler Spitzen anziehen.“

„Ich,“ trumpfte die Jüngere auf, „werde nur mein schlichtes Sonntagskleid tragen. Aber dazu werde ich meinen goldgestickten Umhang umlegen und ihn mit meiner großen Diamantbrosche zusammenhalten.“

Man ließ die berühmteste Haarkünstlerin kommen, um die Löckchen und falschen Zöpfe aufzustecken, und man kaufte die teuersten Schönheitspflästerchen.

Sie riefen Aschenputtel, um es um Rat zu fragen, denn es hatte einen guten Geschmack. Aschenputtel riet ihnen aufs beste und erbot sich sogar, sie nochmals zu frisieren, was sich die beiden gern gefallen ließen.

Als es die Haare durchkämmte, sagten sie zu ihm:

„Aschenputtel, möchtest du nicht auch gern zum Ball des Prinzen gehen?“

„Ach, liebe Schwestern, ihr macht euch über mich lustig; das ist doch nichts für mich.“

„Du hast recht. Die Leute würden sicher lachen, wenn ein Aschenputtel zum Ball käme.“

Andere als Aschenputtel würden sie daraufhin schlecht frisiert haben. Aber Aschenputtel frisierte sie so schön wie möglich. Zwei Tage lang aßen die beiden Schwestern nichts, so aufgeregt und voller Vorfreude waren sie. Man zerriß mehr als ein Dutzend Schnürbänder, um sie recht einzuschnüren, damit die Taillen schlanker würden, und fortwährend standen sie vor dem Spiegel.

Endlich kam der große Tag. Die Kutsche fuhr ab, und Aschenputtel folgte ihnen mit den Augen, bis es nichts mehr sah. Dann begann es zu weinen.

Seine Patin kam und fand es ganz in Tränen aufgelöst. Sie fragte, was ihm fehle.

„Ich möchte gern... ich möchte gern", schluchzte Aschenputtel. Es weinte so arg, daß es seinen Wunsch nicht aussprechen konnte. Die Patin, die in Wirklichkeit eine gute Fee war, sagte zu ihm:

„Du möchtest gern auf den Ball gehen, nicht wahr?"

„Ach, ja!" seufzte Aschenputtel.

„Nun gut! Weil du brav bist, sollst du hingehen", sagte die Fee. Sie führte es in ihr Zimmer und sagte:

„Lauf in den Garten und hole mir einen Kürbis."

Aschenputtel ging sogleich hin, schnitt den schönsten Kürbis ab, den es fand, und brachte ihn seiner Patin. Die Patin höhlte ihn aus und ließ nur die Schale davon übrig. Dann berührte sie diese mit ihrem Zauberstab, und der Kürbis war sogleich in eine prunkvolle, ganz vergoldete Kutsche verwandelt. Dann holte sie eine Mausefalle hervor. Darin hatte sie sechs lebende Mäuse gefangen und sagte zu Aschenputtel, sie möge die Klappe der Falle ein wenig hochziehen. Jede Maus, die heraussprang, berührte sie mit ihrem Zauberstab. Sogleich verwandelten sich die Mäuse in feurige Apfelschimmel. Das ergab ein prächtiges Gespann von sechs Pferden.

In der Rattenfalle im Stall war eine Ratte gefangen. Daraus zauberte die Fee einen goldbetreßten Kutscher mit einem prächtigen Schnurrbart.

Dann sagte sie zu Aschenputtel:

„Geh in den Garten; dort wirst du sechs Eidechsen hinter der Gießkanne finden, die bringe mir her."

Kaum hatte es die Eidechsen gebracht, da verwandelte sie die Patin in sechs höfliche Lakaien, die sogleich auf die Kutsche stiegen und sich in ihren gestickten Röcken so gut ausnahmen, als ob sie nie etwas anderes gewesen wären. Daraufhin sagte die gute Fee zu Aschenputtel:

„Siehst du, jetzt kannst du auf den Ball fahren; freust du dich nicht darüber?“

„O ja; aber soll ich denn so, wie ich bin, hingehen, mit meinen häßlichen Kleidern?“

Die Fee berührte es mit ihrem Zauberstab, und sogleich waren Bluse und Rock in prächtige Gewänder aus Gold- und Silberdamast verwandelt, reich mit Edelsteinen bestickt. Zum Schluß gab sie Aschenputtel noch ein Paar niedliche gläserne Pantöffelchen.

So schön gemacht, stieg Aschenputtel in die Kutsche. Doch seine Patin ermahnte es, nicht über Mitternacht hinaus auf dem Ball zu bleiben. Sie warnte das Mädchen, wenn es nur eine Minute länger auf dem Ball bliebe, würden sein Wagen wieder zum Kürbis, seine Pferde zu Mäusen, sein Kutscher zur Ratte und seine Diener zu Eidechsen werden und anstelle der prächtigen Kleider hätte es wieder seine alten schmutzigen Lumpen an.

Aschenputtel versprach, das Fest ganz bestimmt vor Mitternacht wieder zu verlassen, und fuhr außer sich vor Freude ab.

Als es so prächtig dahergefahren kam, benachrichtigte man sofort den Sohn des Königs. Eine vornehme, ganz reizende Prinzessin sei angekommen. Niemand kannte sie, und der Prinz lief herbei, sie höflich zu empfangen.

Als sie aus dem Wagen stieg, reichte er ihr die Hand und führte sie in den Festsaal. Da trat sofort eine große Stille ein.

Man hörte auf zu tanzen. Die Musikanten spielten nicht mehr, so verwirrt waren sie, als sie die unbekannte Schönheit betrachteten. Es gab nur noch ein einziges bewunderndes Gemurmel im Saal:

„Ah, wie ist sie schön!"

Selbst der König, so alt er auch schon war, konnte sich nicht von ihrem Anblick losreißen, und ganz leise flüsterte er der Königin zu, daß er seit Jahren kein so schönes und liebenswürdiges Mädchen gesehen habe.

Die Damen des Hofes betrachteten neidvoll den Kopfputz der fremden Schönen und den Schnitt ihres Ballkleides. Gleich am nächsten Morgen wollten sie sich ähnliche Kleider machen lassen, wenn sie so kostbare Kleiderstoffe finden würden und Schneiderinnen, die so etwas nähen konnten.

Der Königssohn setzte die unbekannte Prinzessin auf einen Ehrenplatz und bat sie sofort um einen Tanz. Sie tanzte mit so viel Anmut, daß man aus dem Staunen nicht herauskam.

Nun wurde ein köstliches Mahl aufgetragen, aber der junge Prinz konnte keinen Bissen essen, so sehr war er von ihrem Anblick betört. Aschenputtel setzte sich neben seine Stiefschwestern und sagte ihnen tausend Artigkeiten. Es gab ihnen von den Apfelsinen und kandierten Früchten ab, die der Prinz ihm gereicht hatte, was die beiden erstaunte. Sie fühlten sich geschmeichelt, weil sie Aschenputtel nicht erkannten.

Als sie noch plauderten, hörte Aschenputtel die Turmuhr dreiviertel Zwölf schlagen. Es erhob sich sogleich, machte einen feinen Hofknicks und lief fort, so schnell es konnte.

Daheim angekommen, ging es zu seiner Patin, bedankte sich vielmals und sagte, daß es am nächsten Abend gern wieder auf den Ball fahren möchte, weil der Königssohn so freundlich zu ihm

gewesen sei. Als es noch dabei war, der guten Fee zu erzählen, was es alles auf dem Ball erlebt hatte, klopften seine beiden Schwestern draußen an die Tür. Aschenputtel öffnete ihnen im Nachthemd.

„Du hast wohl wieder geschlafen und unser Klopfen nicht gehört", schimpften sie. Aschenputtel dehnte sich, gähnte und rieb sich die Augen wie jemand, der gerade erst aufgewacht ist. Dabei hatte es überhaupt noch nicht geschlafen.

„Wenn du auf dem Ball gewesen wärst", sagte eine seiner Schwestern zu ihm, „würdest du nicht so schläfrig dahocken! Die schönste Prinzessin war auf dem Ball, und sie war sehr liebenswürdig zu uns und hat uns von ihren Apfelsinen und Pralinen abgegeben."

Aschenputtel schien außer sich vor Freude und fragte nach dem Namen der Prinzessin. Aber sie antworteten ihm, daß sie den Namen nicht wüßten, weil niemand sie kannte. Auch sagten sie, daß der Königssohn darüber sehr traurig sei. Er würde alles in der Welt dafür geben, um zu erfahren, wer sie sei.

Aschenputtel lächelte und sagte zu ihnen:

„War sie wirklich so schön? Ach, beim Himmel, wie glücklich ihr darüber seid! Könnte ich sie denn nicht auch einmal sehen? Ach, liebe Charlotte, borge mir doch morgen dein gelbes Kleid, das du alle Tage trägst."

„Das könnte dir so passen", antwortete die Stiefschwester.

„Was glaubst du denn, ich borge doch mein Kleid nicht einem so häßlichen Aschenputtel wie dir!"

Aschenputtel hatte diese Weigerung wohl erwartet und war eigentlich froh darüber. Sie wäre sehr in Verlegenheit geraten, wenn sie mit dem einfachen Kleid zum Ball hätte gehen müssen.

Am nächsten Abend kutschierten die beiden Schwestern wieder zum Ball. Aschenputtel kam wie am Tag zuvor, aber noch schöner gekleidet. Der Königssohn wich nicht von seiner Seite und sagte ihm die süßesten Worte. Aschenputtel vergaß dabei beinahe die Worte seiner Patin. Beim ersten Schlag der zwölften Stunde fielen sie ihm siedendheiß wieder ein. Erschrocken sprang es auf und floh so flink wie ein Reh.

Der Prinz stürzte ihm nach, konnte es aber nicht mehr erreichen. Doch Aschenputtel verlor in der Eile einen gläsernen Pantoffel; der Prinz bewahrte ihn sorgfältig auf.

Aschenputtel kam ganz atemlos nach Haus, ohne Wagen, ohne Lakaien und in seinen schlechten Kleidern. Nichts war ihm von all seiner Pracht geblieben als ein kleiner Glaspantoffel. Weil es den zweiten verloren hatte, konnte der Pantoffel nicht wieder fortgezaubert werden.

Man fragte die Wachen am Schloßtor, ob sie nicht gesehen hätten, wie eine Prinzessin herausgelaufen sei. Sie antworteten, daß sie nur ein schmuddelig gekleidetes Bauernmädchen gesehen hätten.

Als die beiden Schwestern vom Ball zurückkamen, fragte Aschenputtel, ob sie sich wieder gut amüsiert hätten und ob die schöne Dame wieder dagewesen sei.

Sie bejahten es; aber die schöne Fremde sei hastig fortgelaufen, als es zwölf Uhr schlug, und zwar so schnell, daß sie einen ihrer Glaspantoffel verloren hätte. Dieser Pantoffel sei so niedlich gewesen, daß der Prinz ihn aufgehoben und die ganze Zeit über nur auf den Pantoffel gestarrt habe. Er sei bestimmt sehr verliebt in die schöne Unbekannte, der das Pantöffelchen gehöre.

Sie sprachen die Wahrheit! Wenige Tage darauf nämlich ließ der Prinz unter Trompetenschall bekanntmachen, daß er diejenige heiraten wolle, an deren Fuß der Pantoffel ganz genau passe.

Zuerst probierten ihn alle Prinzessinen an. Aber der Schuh paßte ihnen nicht. Dann schlüpften die Herzoginnen und alle Hofdamen hinein: vergebens!

Man brachte ihn auch den beiden Schwestern, die alles mögliche taten, um ihren Fuß in den Pantoffel hineinzuzwängen. Aber er paßte nicht. Aschenputtel, das ihnen zusah und seinen Pantoffel erkannte, sagte lächelnd: „Laßt mich mal probieren, ob er mir paßt!“

Die Schwestern brachen in lautes Gelächter aus und machten sich über Aschenputtel lustig. Der Edelmann freilich, der die Pantoffelanprobe beaufsichtigte, sah das Mädchen aufmerksam an, fand es schön und sagte, es wäre ganz richtig, die Sache zu versuchen. Der Befehl laute, daß alle jungen Mädchen den Pantoffel anprobieren sollten.

Er ließ Aschenputtel Platz nehmen, und als es den Pantoffel an seinen kleinen Fuß hielt, sah er sogleich, daß er wie angegossen saß. Die neidischen Schwestern konnten nur noch staunen.

Aber sie staunten noch mehr, als Aschenputtel den zweiten kleinen Pantoffel unter seiner Schürze hervorholte und anzog. In diesem Augenblick trat die Patin ins Zimmer. Mit ihrem Zauberstab berührte sie Aschenputtel, und sogleich verwandelte es sich wieder in eine prächtige Prinzessin. Jetzt erst erkannten seine Schwestern in ihm die schöne Dame wieder, die sie auf dem Ball so sehr bewundert hatten. Sie warfen sich ihr zu Füßen, um sie wegen der schlechten Behandlung um Verzeihung zu bitten, die sie so lange hatte erdulden müssen.

Aschenputtel hob sie auf, umarmte sie und sagte ihnen unter Küssen, daß es ihnen gern verzeihe und sie immer liebhaben würde. Geschmückt wie es war, wurde es nun zu dem jungen Prinzen geführt. Er fand es noch schöner als zuvor, und wenige Tage später heiratete er es. Seine Schwestern durften mit in den Palast, und bald darauf heirateten sie zwei vornehme Herren des Hofes.

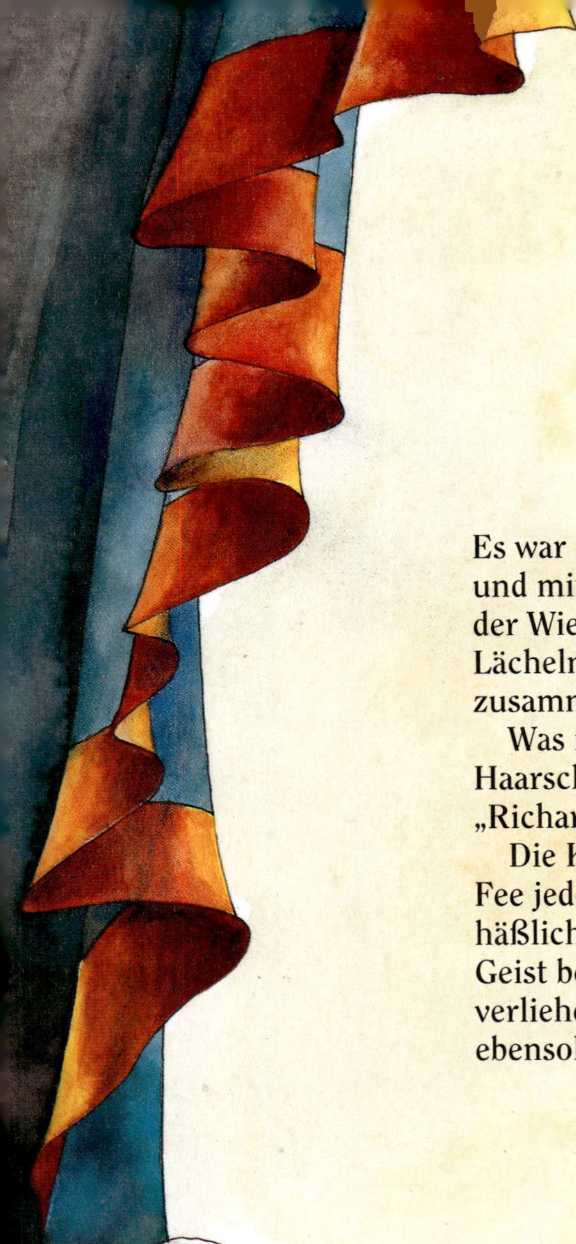

RICHARD MIT DEM SCHOPF

Es war einmal eine Königin, die bekam einen Sohn, der war so häßlich und mißgestaltet, daß die Hofdamen, die sich mit „Oh, ein prächtiges Kind!" der Wiege näherten, plötzlich verstummten und mit einem verlegenen Lächeln davonschlichen, um draußen vor der Tür die Hände über dem Kopf zusammenzuschlagen.

Was ihn zu seiner Häßlichkeit noch auszeichnete, war ein borstiger Haarschopf, der sich nicht glattkämmen ließ, und deshalb nannte man ihn „Richard mit dem Schopf".

Die Königin war über die Häßlichkeit ihres Sohnes verzweifelt. Eine gute Fee jedoch, die bei seiner Geburt dabeigewesen war, versicherte, daß dieser häßliche Knabe einmal liebenswürdig werden würde, weil er Klugheit und Geist besitzen werde. Sie fügte hinzu, daß er mit der Gabe, die sie ihm verliehen habe, in der Lage sei, jemandem, den er besonders liebe, ebensolche Geistesgaben zu schenken.

Diese Voraussagen trösteten die Königin ein wenig, so betrübt sie auch war.

Und wirklich: kaum konnte der Knirps sprechen,

da sagte er tausend schlaue Dinge und war so witzig, daß alle ihm gern zuhörten.

Sieben oder acht Jahre später gebar die Königin eines Nachbarlandes zwei Töchter. Die Ältere der Zwillinge war schön wie der Tag. Darüber freute sich die Königin so sehr, daß man fürchtete, die übermäßige Freude könne ihrer Gesundheit schaden.

Dieselbe Fee, die bei Richards Geburt dabeigewesen war, kam auch hier ans Wochenbett. Sie dämpfte die Freude der Königin, als sie erklärte, das die kleine Prinzessin nicht viel Verstand haben und ebenso dumm wie hübsch sein werde. Darüber grämte sich die Königin sehr.

Danach hatte sie einen noch größeren Kummer zu erleiden: die zweite Tochter war außerordentlich häßlich.

„Seid nicht traurig darüber, Frau Königin", tröstete sie die Fee ein wenig. „Eure zweite Tochter soll entschädigt werden und so viel Verstand bekommen, daß man die Schönheit bei ihr gar nicht vermissen wird."

„Gott gebe es", erwiderte die Königin unter Tränen.

„Aber ist es denn nicht möglich, auch der Zwillingsschwester, die so schön ist, ein wenig Verstand abzugeben?"

„Was den Verstand anbetrifft, so kann ich nichts tun, Frau Königin", sagte die Fee. „Aber ich will ihr die Gabe verleihen, denjenigen schön zu machen, den sie einmal lieben wird."

Die Prinzessinnen wuchsen heran, und mit ihnen wuchsen auch ihre Vorzüge. Alle Welt sprach nur von der Schönheit der Älteren und vom Verstand der Jüngeren. Aber auch ihre Fehler nahmen Jahr für Jahr zu. Die Jüngere wurde noch häßlicher und die Ältere von Tag zu Tag dümmer. Entweder antwortete

sie überhaupt nicht auf das, was man sie fragte, oder aber sie sagte etwas ganz Albernes. Dabei war sie so ungeschickt, daß sie nicht vier Tassen auf den Tisch stellen konnte, ohne eine davon zu zerbrechen. Sie konnte auch nicht ein Glas Wasser trinken, ohne die Hälfte davon über ihr Kleid zu gießen.

Wenn auch die Schönheit ein großer Vorzug bei einem jungen Mädchen ist, lief doch fast immer die Jüngere ihrer älteren Schwester auf fröhlichen Gesellschaften den Rang ab. Anfangs ging man immer zu der Schönen, um sie zu bewundern. Bald aber wandte man sich schnell der Jüngeren zu, um ihr zuzuhören. So kam es, daß in kurzer Zeit niemand mehr bei der dummen Schönen stand, sondern alle Anwesenden sich um die geistreiche Häßliche scharten.

Trotz ihrer Einfältigkeit merkte die Ältere das wohl. Sie hätte gern ihre ganze Schönheit hergegeben für den halben Verstand ihrer Zwillingsschwester.

Auch die Königin – so klug sie war – konnte nicht umhin, ihrer Tochter wegen ihrer Dummheit Vorwürfe zu machen, was der armen Prinzessin den größten Kummer verursachte.

Eines Tages hatte sie sich in den Wald zurückgezogen, um dort ihr Unglück zu beweinen. Plötzlich sah sie einen kleinen, abstoßend häßlichen, aber prächtig gekleideten Mann auf sich zukommen. Es war Richard mit dem Schopf, der sich in ein Bildnis der Prinzessin, welches durch das ganze Land geschickt worden war, verliebt hatte. In der Hoffnung, seine angebetete Schöne leibhaftig zu sprechen, hatte er das Königreich seines

Vaters verlassen. Entzückt, sie hier im Walde anzutreffen, redete er sie mit großer Ehrerbietung und aller Artigkeit an. Nach der ersten Begrüßung merkte er gleich, daß sie schwermütig war, und er sagte zu ihr:

„Ich verstehe nicht, mein Fräulein, wie eine so hübsche Dame, wie Ihr es zu sein scheint, so traurig sein kann. Obwohl ich mich rühmen kann, viele schöne Damen kennengelernt zu haben, kann ich doch sagen, daß keine dabei war, die so liebreizend aussah wie Ihr."

„Das sagt Ihr so", schluchzte die Prinzessin und wußte nicht weiter.

„Die Schönheit", fuhr Richard fort, „ist ein so großer Vorzug, daß er alles andere aufwiegt. Da Ihr eine vollkommene Schönheit seid, sehe ich nicht ein, warum Ihr so traurig seid."

„Ich möchte lieber so häßlich sein wie Ihr und dafür Verstand haben anstatt schön und dumm zu sein, wie ich es bin."

„Nichts beweist mehr, daß Ihr Witz und Verstand habt, als wenn Ihr vorgebt, keinen zu haben. Es liegt in der Natur der Menschen: je mehr man weiß, um so weniger glaubt man, etwas zu wissen."

„Das begreife ich nicht", sagte die Prinzessin. „Aber ich fühle sehr wohl, daß ich zu beschränkt bin, es zu begreifen. Und das eben ist die Ursache meines Kummers."

„Wenn Euch weiter nichts bedrückt, so kann ich Euch helfen."

„Wie denn?" fragte die Prinzessin.

„Ich habe die Gabe in die Wiege gelegt bekommen", sagte Richard mit dem Schopf, „jemanden, den ich ganz besonders liebe, so klug zu machen, wie ich es bin. Und da Ihr diejenige seid, die ich ausgewählt habe, so kommt es nur auf Euch an, ob Ihr Verstand haben wollt, wenn Ihr mich heiratet."

Die Prinzessin war ganz sprachlos und betrübt, weil sie wieder einmal nicht mehr weiter wußte.

„Ich sehe", nahm Richard mit dem Schopf wieder das Wort, „daß dieser Antrag Euch verlegen macht, und ich wundere mich auch nicht darüber. Deshalb will ich Euch ein Jahr Bedenkzeit geben, bis Ihr Euch entschließen möget."

Die Prinzessin hatte so wenig Verstand und gleichzeitig solche Sehnsucht danach, daß sie glaubte, das Ende dieses Jahres werde niemals kommen. Und so nahm sie den Antrag gleich an.

Kaum hatte sie versprochen, ihn übers Jahr zu heiraten, als sie sich schon völlig verwandelt fühlte. Es wurde ihr auf einmal leicht, alles ungezwungen auszusprechen, was sie dachte.

Sofort zog sie Richard mit dem Schopf in ein witziges Gespräch und plauderte so angeregt, daß dieser schon besorgt war, ihr mehr Verstand gegeben zu haben, als es für eine schlichte Ehepartnerin zuträglich sein würde.

In den Palast zurückgekehrt, wußte der ganze Hofstaat nicht, was er zu einer so wunderbaren Veränderung im Wesen der Prinzessin sagen sollte, denn so viele Albernheiten sie bisher gesagt hatte, so viele mit Geistesblitzen durchsetzte, verständige Reden konnte man jetzt von ihr hören.

Der ganze Hof freute sich darüber. Nur ihre häßliche

Zwillingsschwester war ein bißchen traurig, weil sie jetzt, da sie gegenüber ihrer Schwester nicht mehr den Vorzug des Verstandes hatte, neben ihr als eine häßliche Vogelscheuche erschien.

Der König ließ sich sogar von der so plötzlich klug gewordenen Prinzessin beraten.

Als sich das Gerücht von dieser wunderbaren Verwandlung verbreitet hatte, kamen alle heiratsfähigen Prinzen aus den benachbarten Königreichen, bemühten sich um ihre Zuneigung und warben um ihre Hand.

Sie hörte alle an, ohne sich jedoch mit einem zu verloben.

Eines Tages aber erschien einer, der war mächtig, reich, klug und schön. Dem hätte sie fast ihre Gunst gewährt. Ihr Vater erfuhr davon und sagte ihr, daß sie freie Hand habe, sich ihren Gemahl nach eigenem Gefallen auszuwählen. Sie solle sich nur erklären. Aber je mehr Verstand jemand besitzt, um so größer wird die Qual der Wahl, und sie forderte, nachdem sie sich bei ihrem Vater bedankt hatte, noch etwas Zeit zum Überlegen.

Ganz in Gedanken ging sie im Wald spazieren, in welchem sie Richard mit dem Schopf getroffen hatte. Hier wollte sie ungestört nachdenken.

Als sie so in tiefen Grübeleien versunken ihres Weges ging, hörte sie unter ihren Füßen ein dumpfes Geräusch wie von Leuten, die eilig

umherlaufen und sich viel zu schaffen machen. Sie wurde aufmerksam und hörte deutlich, daß jemand sagte:

„Bring mir den großen Kessel!"

Ein anderer: „Lege Holz aufs Feuer."

Wieder ein anderer: „Gieß Wasser in den Topf."

Der Erdboden öffnete sich vor ihren Füßen, und sie sah in eine große Küche. Die war voller Köche und Köchinnen, Küchenjungen und anderer Bediensteter, die damit beschäftigt waren, ein üppiges Festmahl zu bereiten.

Eine Schar von zwanzig oder dreißig Bratenköchen kam herbeigelaufen, um sich im Wald an einen langen Tisch zu setzen. Sie hatten Spicknadeln in der Hand und Kochlöffel an die Mützen gesteckt. Zum Takt eines Liedes machten sie sich an die Arbeit.

Die erstaunte Prinzessin fragte, für wen sie die Braten spickten.

„Für den Prinzen Richard mit dem Schopf", sagte der oberste Hofbratenbereiter. „Morgen soll seine Hochzeit sein."

Die Prinzessin fiel aus allen Wolken, als sie sich plötzlich erinnerte, daß sie vor einem Jahr

versprochen hatte, den Prinzen Richard mit dem Schopf zu ehelichen. Daß es ihr nicht früher eingefallen war, lag daran, daß sie noch dumm gewesen war, als sie dieses Versprechen gab. Sie hatte aber alle ihre vorherigen Dummheiten vergessen, als die plötzliche Schlauheit über sie gekommen war.

Sie war noch keine dreißig Schritte weitergegangen, als Prinz Richard mit dem Schopf ihr auch schon entgegenkam, prächtig ausstaffiert wie ein Prinz, der Hochzeit machen will.

„Ihr seht, mein Fräulein, daß ich pünktlich mein Wort gehalten habe“, sagte er, „und ich zweifle nicht daran, daß Ihr hierhergekommen seid, um Euer Wort einzulösen und mich zum glücklichsten Ehemann zu machen.“

„Ich gestehe offen“, entgegnete die Prinzessin, „daß ich mich noch nicht entscheiden konnte, und daß ich nicht sicher bin, jemals das zu tun, was Ihr Euch wünscht.“

„Ihr setzt mich in Erstaunen, mein Fräulein“, sagte Prinz Richard zu ihr.

„Ich sehe Euch die Verwirrung an“, sprach die Prinzessin, „und wenn ich es mit einem unvernünftigen Menschen ohne Verstand zu tun hätte, würde ich jetzt sehr in Verlegenheit sein. Eine Prinzessin muß ihr Wort halten, und ich müßte Euch heiraten, denn was versprochen ist, ist nun einmal versprochen. Aber da Ihr der klügste Mann der Welt seid und man mit Euch reden kann, bin ich überzeugt, daß Ihr ein Einsehen haben werdet. Ihr wißt, daß ich mich kaum entschließen konnte, Euch zu heiraten, als ich noch stockdumm war. Wie soll ich jetzt bei

klarem Verstand, den Ihr mir gegeben habt, einen solchen Entschluß fassen? Diese Entscheidung ist für mich sehr schwer."

„Wenn ein geistloser Mann das Recht hätte, Euch wegen Eurer Wortbrüchigkeit zu tadeln", antwortete Prinz Richard, „warum sollte ich es da nicht auch tun? Handelt es sich doch um das Glück meines Lebens! Sollen kluge Menschen unglücklicher sein als dumme? Könnt Ihr dies wünschen, da Ihr selber nun gebildet seid und so sehr gewünscht habt, es zu werden? Aber kommen wir zur Sache, wenn es Euch beliebt. Gibt es, von meiner Häßlichkeit abgesehen, irgend etwas, das Euch an mir mißfällt? Seid Ihr unzufrieden mit meiner Herkunft, mit meinem Charakter oder mit meinem Betragen?"

„Nein, ganz und gar nicht", bekannte die Prinzessin. „Mir gefällt alles an Euch, was Ihr mir da aufgezählt habt."

„Wenn dem so ist", rief Richard mit dem Schopf, „so werde ich glücklich; denn Ihr allein könnt mich zum stattlichsten aller Männer machen."

„Wie sollte das geschehen?" fragte die Prinzessin.

„Das wird geschehen, wenn Ihr mich genügend liebt, um zu wünschen, daß es so sein möge", erklärte Prinz Richard. „Damit Ihr nicht daran zweifelt, mein Fräulein, sollt Ihr wissen, daß dieselbe Fee, die mir am Tag meiner Geburt die Gabe verliehen hat, jemanden gescheit zu machen, den ich besonders liebe, Euch die Gabe verliehen hat, demjenigen Schönheit zu geben, den Ihr liebt und dem Ihr diese Gunst erweisen wollt."

„Ja, wenn das so ist“, sagte die Prinzessin, „so wünsche ich von ganzem Herzen, daß Ihr der stattlichste Prinz der Welt werden möget. Ich wünsche es, so sehr ich es nur kann.“

Kaum hatte die Prinzessin diese Worte ausgesprochen, da erschien Prinz Richard vor ihren Augen als der schönste, stattlichste und liebenswerteste Mann unter der Sonne.

Es gibt allerdings Leute, die meinen, daß nicht der Zauber der Fee wirkte, sondern daß der Zauber der Liebe allein diese Verwandlung bewirkt habe. Sein mißratener Körper und die Häßlichkeit seines Gesichtes waren plötzlich in den Hintergrund getreten, und auch der Höcker auf dem Rücken war verschwunden. Auch sein Hinken störte sie nicht mehr. Sie sah es nur als kleine Besonderheit an, von der sie sogar entzückt war. In seinem Schielen schließlich erkannte sie den heftigen Blick der Liebe, und seine gerötete Knollennase machte ihn für sie zu einem heldenhaften Menschen von kriegerischem Aussehen. Wie dem auch sei, die Prinzessin versprach ihm auf der Stelle, ihn zum Mann zu nehmen. Lediglich die Einwilligung ihres Vaters, des Königs, war dazu noch nötig.

Der alte König kannte den Prinzen Richard mit dem Schopf bereits als einen sehr klugen und geistreichen Prinzen. Als er sah, daß seine Tochter diesem edlen Mann geneigt war, machte er ihn mit Vergnügen zu seinem Schwiegersohn. Schon am folgenden Tag wurde die Hochzeit gefeiert, genau so wie Prinz Richard es vorbereitet hatte.

DÄUMLING

Vor Zeiten lebte einmal ein Holzfäller mit seiner Frau, die hatten sieben Kinder, lauter Buben. Der Älteste war zehn Jahre alt, und der jüngste war sieben. Daß der Holzfäller in so kurzer Zeit so viele Kinder bekam, lag daran, daß seine Frau meistens Zwillinge zur Welt brachte.

Sie lebten in bitterer Armut, und ihre sieben Kinder waren ihnen sehr zur Last, weil noch keines von ihnen sich sein Brot selber verdienen konnte.

Aber die größte Sorge hatten sie mit ihrem Jüngsten. Er war sehr zart und sprach noch kein Wort.

Er war sehr klein. Als er zur Welt kam, war er nicht größer als ein Daumen. Deshalb nannte man ihn Däumling.

Das arme Kind war der Sündenbock in der Familie. An allem gab man ihm die Schuld. Dabei war er viel schlauer und gewitzter als seine Brüder. Wenn er auch wenig sprach, hörte er doch meistens sehr aufmerksam zu.

Es kam ein sehr hartes Jahr. Die Hungersnot wurde so groß, daß die armen Leute für ihre Kinder nicht mehr sorgen konnten.

Eines Abends, als die Kleinen im Bett lagen, saß der Holzfäller mit seiner Frau beim Feuer und sagte mit beklommenem Herzen zu ihr:

„Du siehst selber, daß wir unsere Kinder nicht mehr ernähren können; ich kann es nicht mit ansehen, wie sie langsam verhungern. Deshalb bin ich entschlossen, sie morgen tief in den Wald hineinzuführen. Wir lassen sie Reisig suchen und verschwinden dabei heimlich, ohne daß sie es merken."

„Ach," rief die Holzfällersfrau, „wie kannst du es fertigbringen, deine Kinder im düstern Wald zurückzulassen!"

Ihr Mann mochte ihr noch so sehr ihr großes Elend vorhalten, sie wollte nicht einwilligen. Sie war zwar arm, aber sie war eine gute Mutter.

Endlich jedoch, als sie bedacht hatte, welch großen Schmerz es ihr bereiten würde, ihre Kinder Hungers sterben zu sehen, willigte sie ein und kroch weinend ins Bett.

Däumling hörte alles, was sie sagten. Denn als er merkte, daß Vater und Mutter Geheimnisse besprachen, war er leise aufgestanden und hatte sich unter den Holzschemel geschlichen, auf dem sein Vater saß.

Ungesehen stieg er wieder in sein Bett. Aber er konnte die ganze Nacht nicht mehr schlafen, weil er angestrengt überlegte, was zu tun sei.

Früh am Morgen stand er auf und ging an den Bach und füllte seine Hosentaschen mit kleinen weißen Kieselsteinchen. Dann kehrte er wieder ins Haus zurück. Däumling verriet seinen Brüdern nichts von all dem, was er wußte.

Am Morgen gingen sie alle in einen dichten und dunklen Wald, in welchem der eine den andern schon nach zehn Schritten nicht mehr sah. Der Vater mit der Axt voran, danach die Mutter und dann die sieben Buben, einer nach dem anderen.

Der Holzfäller begann Holz zu schlagen. Seine Kinder suchten Reisig und machten Bündel davon. Als der Vater und die Mutter sie so bei der Arbeit sahen, entfernten sie sich ganz heimlich und verstohlen und liefen auf einem kleinen, abgelegenen Fußpfad davon.

Als die Kinder merkten, daß sie alleingelassen waren, fingen sie aus Leibeskräften an zu schreien und zu weinen. Däumling ließ sie jammern, er wußte genau, wie sie wieder nach Hause

kommen konnten. Unterwegs hatte er nämlich immer die kleinen weißen Kieselsteine aus seiner Tasche fallen lassen und den Weg damit bezeichnet. Er sagte also zu ihnen:

„Seid nicht so ängstlich, liebe Brüder! Unsere Eltern haben uns hier verlassen, aber ich bringe euch nach Hause zurück. Geht nur immer hinter mir her!"

Sie gingen hinter ihm her, und er brachte sie auf demselben Weg nach Haus, auf dem sie in den Wald gekommen waren.

Anfangs wagten sie nicht einzutreten. Deshalb versteckten sie sich hinter der Tür, um zu hören, was ihre Eltern miteinander sprachen.

Als der Holzfäller und seine Frau nach Hause gekommen waren, hatte ihnen der Gutsherr des Dorfes zehn Taler geschickt, die er ihnen seit Monaten schuldig war und auf die sie gar nicht mehr zu hoffen gewagt hatten.

Das Geld rettete ihnen das Leben, denn auch die armen Eltern waren am Verhungern. Der Holzfäller schickte seine Frau sogleich zum Metzger. Sie hatten lange nichts mehr gegessen, und deshalb kaufte sie dreimal soviel Fleisch, als sie zum Abendessen für zwei Personen brauchte.

Als sie satt waren, sagte die Frau:

„Ach, wo mögen meine armen Kinder jetzt sein? Sie würden noch satt werden von dem, was übrigblieb. Aber du hast gewollt, daß wir sie im Stich lassen. Was machen sie jetzt im finsteren Wald? Ach, mein Gott, die Wölfe werden sie schon gefressen haben! Wir sind sehr grausam gegen die armen Kinder gewesen."

Der Holzfäller wurde bald ungeduldig, denn sie wiederholte zwanzigmal dieselbe Litanei. Er drohte, sie zu schlagen, wenn sie nicht endlich still wäre. Dabei war dem Mann wahrscheinlich noch elender zumute als seiner Frau. Aber sie machte ihm den Kopf wirr mit ihren Vorwürfen, und er war von der Art wie viele andere Männer, die sich nicht gern von ihren Frauen belehren lassen wollen; schon gar nicht, wenn die Frauen im Recht sind.

Die Frau des Holzfällers war ganz in Tränen aufgelöst.

„Ach, wo sind jetzt meine Kinder, meine armen, armen Kinder?"

Sie sagte es noch einmal, so laut, daß die Kinder hinter der Tür es genau verstehen konnten und alle zusammen riefen:

„Hier sind wir! Hier sind wir!"

Sie lief hin, öffnete die Tür, umarmte sie und sagte:

„Wie bin ich froh, euch wiederzusehen, meine lieben Kinder! Ihr müßt ja todmüde sein und habt gewiß großen Hunger. Und Peter, wie schmutzig hast du dich gemacht; komm her, ich will dich waschen."

Peter war ihr ältester Sohn, den sie mehr liebte als alle anderen, weil er rote Haare hatte und weil auch sie rothaarig war.

Die sieben Söhne setzten sich zu Tisch, und sie aßen mit so großem Appetit, daß es den Eltern Freude bereitete. Die Kinder erzählten von ihrer Angst, die sie im Wald gehabt hatten, und alle redeten durcheinander.

Die guten Leute waren froh, ihre Kinder wiederzuhaben. Doch dauerte ihre Freude nur so lange, wie das Geld reichte. Als es aber ausgegeben war, kehrte das alte Elend zurück, und die Eltern beschlossen, die Kinder noch einmal in den Wald zu bringen, und zwar weiter als das erstemal, damit es nicht wieder mißlang.

So heimlich sie auch davon sprachen, der kleine Däumling hörte auch diesmal alles. Er war zuversichtlich, aus der Sache ebenso herauszukommen wie beim ersten Mal.

Er stand früh auf, um Kieselsteinchen zu sammeln. Aber er fand die Haustür verschlossen. Nun wußte er nicht, was er machen sollte.

Als die Mutter noch jedem Kind ein Stück Schwarzbrot in die Tasche steckte, dachte er, er könnte es mit dem Brot so machen wie mit den Kieselsteinen.

Er wollte die Brotkrumen auf den Weg streuen, den sie gingen.

Die Eltern führten sie zu der dichtesten und dunkelsten Stelle des Waldes, und als sie dort waren, schlichen sich die Eltern davon.

Däumling grämte sich nicht weiter darüber, daß die Eltern sie zurückgelassen hatten. Er dachte, den Weg leicht wiederzufinden, denn überall hatte er sein Brot gestreut.

Doch welche Überraschung, er konnte kein einziges Krümchen wiederfinden. Die Vögel hatten alles aufgepickt!

Nun waren sie verzweifelt. Je weiter sie umherirrten, desto tiefer kamen sie in den Wald hinein. Es wurde Nacht und es erhob sich ein Sturm, der in den Bäumen tobte. Sie glaubten, von allen Seiten das Geheul der Wölfe zu hören, und sie hatten Angst, gefressen zu werden. Sie wagten kaum zu sprechen oder sich umzusehen. Es begann zu regnen, sie wurden bis auf die Haut naß, rutschten bei jedem Schritt aus und fielen hin. Sie wußten nicht mehr aus noch ein.

Däumling kletterte auf einen Baum, um einen Weg zu suchen. Er blickte umher, und tatsächlich entdeckte er in weiter Ferne einen schwachen Lichtschein. Er stieg vom Baum herab, aber auf der Erde sah er nichts mehr davon.

Als er jedoch einige Zeit mit seinen Brüdern in die Richtung gegangen war, aus der der Lichtschein kam, erblickte er ihn wieder, als der Wald sich lichtete.

Endlich kamen sie an das Haus, aus dem das Licht herausfiel. Sie klopften an die Tür, und eine Frau öffnete und fragte sie, was sie wollten.

Däumling antwortete: „Wir sind hungrige, durchnäßte, müde, arme Kinder, die sich im Wald verirrt haben, und wir bitten um ein Nachtlager aus Barmherzigkeit."

Die Frau fing plötzlich an zu schluchzen und sagte:

„Ach, ihr armen Kinder, wißt ihr denn, wohin ihr geraten seid? Wißt ihr denn nicht, daß dies das Haus des Menschenfressers ist, der die kleinen Kinder frißt?"

„Ach, gute Frau", antwortete Däumling, der wie seine Brüder am ganzen Leib zitterte, „was sollen wir machen? Draußen werden uns die Wölfe in der Nacht fressen, wenn Ihr uns nicht bei Euch aufnehmt. Da kommt es auf das gleiche heraus, wenn Euer Mann uns frißt, aber vielleicht hat er Mitleid mit uns, wir wollen ihn auch recht schön bitten."

Die Frau des Menschenfressers hoffte, die Kinder bis zum nächsten Morgen vor ihrem Mann verstecken zu können. Sie ließ sie ins Haus kommen und führte sie zum Herdfeuer, wo sie sich wärmen konnten, denn die Frau war gerade dabei, dem Menschenfresser einen ganzen Hammel zu braten.

Als die Kinder sich aufwärmten, hörten sie von draußen Poltern und schwere Schritte.

Es war der Menschenfresser, der heimkam. Schnell ließ die Frau die Kinder unters Bett kriechen. Dann öffnete sie die Tür. Der Menschenfresser fragte sie gleich, ob das Essen fertig und der Wein gezapft sei. Dann setzte er sich an den Tisch.

Der Hammel war noch ganz blutig, aber so zubereitet genoß er das Fleisch besonders gern. Er schnupperte rechts und links, wurde stutzig und sagte: „Ich rieche, rieche Menschenfleisch."

„Es muß Euch wohl", sagte seine Frau zu ihm, „das Kalb in die Nase stechen, das ich eben ausgenommen habe."

„Ich rieche Menschenfleisch", behauptete der Menschenfresser und sah seine Frau mißtrauisch von der Seite an. „Hier drinnen ist etwas vor mir versteckt worden."

Indem er diese Worte sprach, stand er vom Tisch auf und ging geradewegs auf das Bett zu.

„Aha!" rief er. „So also willst du mich betrügen, verfluchtes Weib! Ich weiß nicht, warum ich dich nicht auch verschlinge. Sei froh, daß du schon so ein altes, zähes Weibsstück bist. Aber dieses Wildbret kommt mir gerade recht, um drei meiner Freunde zu bewirten, verwöhnte Feinschmecker, die mich in diesen Tagen besuchen wollen."

Damit zog er die Kinder einen nach dem anderen unter dem Bett hervor. Die armen Kinder warfen sich auf die Knie und baten um ihr Leben. Aber sie hatten es mit dem grausamsten aller Menschenfresser zu tun, der kein Mitleid mit ihnen

hatte und sie schon mit den Augen verschlang. Zu seiner Frau sagte er, sie würden leckere Braten abgeben, wenn eine gute Soße dazukäme.

Er holte ein großes Messer. Bevor er sich den Kindern näherte, schärfte er es auf dem Schleifstein. Er wollte schon eines der Kinder packen, als seine Frau zu ihm sagte:

„Warum willst du sie jetzt schon schlachten, wenn deine Freunde erst in den nächsten Tagen kommen? Hast du nicht morgen Zeit genug dazu?“

„Halt's Maul“, erwiderte der Menschenfresser, „sie müssen die Nacht über abhängen, damit das Fleisch mürbe wird.“

„Aber wir haben doch noch so viel Fleisch auf Vorrat“, gab die Frau zu bedenken. „Es wird uns nur schlecht, wenn wir es nicht essen. Da sind noch ein Kalb, zwei Hammel und ein halbes Schwein.“

„Du hast recht“, sagte der Menschenfresser mit grunzender Stimme. „Gib ihnen gut zu essen, damit sie nicht abmagern, und dann bring sie ins Bett.“

Die gute Frau war außer sich vor Freude und trug ihnen ein gutes Essen auf. Aber vor Furcht konnten sie keinen Bissen herunterbringen.

Der Menschenfresser sprach nun dem Wein zu. Er war sehr zufrieden, daß er etwas Leckeres hatte, womit er seine anspruchsvollen Freunde bewirten konnte. Er trank deshalb zwölf Gläser mehr als gewöhnlich. Der Wein stieg ihm bald zu Kopf, und er mußte sich ins Bett legen.

Der Menschenfresser aber hatte sieben Töchter, die waren noch im Kindesalter. Diese kleinen Mädchen hatten alle eine rosige Gesichtsfarbe, weil sie nur frisches

Fleisch aßen wie ihr Vater. Sie hatten kleine, runde Augen von grauer Farbe, krumme Nasen und riesengroße Mäuler mit langen und spitzen Zähnen, die weit auseinanderstanden. Sie waren noch nicht sehr bösartig. Aber sie waren doch vielversprechend. Sie waren zeitig ins Bett gesteckt worden und lagen alle sieben in einem großen Bett. Jede hatte eine goldene Krone auf dem Kopf.

Im Zimmer stand noch ein zweites Bett von derselben Größe. In dieses Bett legte die Frau des Menschenfressers die sieben Buben hinein; dann ging auch sie und legte sich zu ihrem Mann.

Däumling hatte sofort bemerkt, daß die Töchter des Menschenfressers goldene Kronen auf dem Kopf trugen. Er fürchtete, daß der Menschenfresser es bereuen könnte, sie nicht gleich am Abend geschlachtet zu haben. Er stand deshalb mitten in der Nacht auf, nahm seine Mütze und die Mützen seiner Brüder und setzte sie vorsichtig den sieben Töchtern des Menschenfressers auf, nachdem er ihnen vorher die Kronen abgenommen hatte. Die Kronen setzte er sich und seinen Brüdern auf.

Jetzt würde der gewalttätige Mann die Buben für seine Töchter halten und seine Töchter für die Buben, die er umbringen wollte.

Es kam so, wie er es sich gedacht hatte.

Der Menschenfresser, der um Mitternacht aus seinem Rausch aufwachte, bedauerte es, aufgeschoben zu haben, was er noch am Abend hätte erledigen können. Er stand also schnell auf und nahm sein großes Messer.

„Ich will sehen, wie es den kleinen Schlingeln geht. Ich will kurzen Prozeß machen“, kicherte er.

Er tappte im Dunkeln leise in das Zimmer und näherte sich dem Bett, in dem die Buben lagen. Sie schliefen alle mit Ausnahme von Däumling, der ziemliche Angst hatte, als die Hand des Menschenfressers seinen Kopf befühlte. Der Menschenfresser fühlte die goldenen Kronen und murmelte:

„Teufel nochmal, da hätte ich bald etwas Schönes angerichtet! Ich muß gestern abend wohl zuviel getrunken haben.“

Dann ging er zu dem Bett seiner Töchter, fühlte die kleinen Mützen der Buben und nickte:

„Ach so, hier stecken die Kerle.“

Mit diesen Worten schnitt er, ohne zu zögern, seinen sieben Töchtern die Kehlen durch. Sehr zufrieden mit seiner Arbeit legte er sich wieder ins Bett.

Als Däumling den Menschenfresser schnarchen hörte, weckte er seine Brüder. Er sagte ihnen, sie sollten sich leise ankleiden und ihm folgen. Sie schlüpften leise in den Garten hinaus und sprangen über die Mauer. Sie liefen fast die ganze Nacht, immer noch zitternd, so schnell sie konnten.

Als der Menschenfresser aufwachte, sagte er zu seiner Frau:

„Geh hinauf und wasch die kleinen Rangen.“

Die Frau war über die Fürsorglichkeit ihres Mannes sehr erstaunt. Sie ahnte nämlich nicht, warum sie die Kinder waschen sollte, und dachte, ihr Mann würde ihr befehlen, den Kleinen beim Ankleiden zu helfen. Aber wie erschrak sie, als sie ihre Töchter tot vorfand.

Sie wurde ohnmächtig. Der Menschenfresser aber dachte, seine Frau würde bei der Arbeit trödeln. Deshalb ging er nach oben, um sie anzutreiben.

Er war nicht weniger entsetzt, als er das Schreckliche sah.

„Ach, was habe ich getan?“ rief er aus. „Das sollen sie mir büßen.“

Er goß seiner Frau einen Topf voll Wasser ins Gesicht, und als sie zu sich gekommen war, sagte er wütend:

„Gib mir schnell meine Siebenmeilenstiefel, damit ich sie einhole.“

Er machte sich auf den Weg. Und schon bald traf er auf die Kinder. Sie waren schon ganz nahe bei der Hütte ihrer Eltern, als sie den Menschenfresser erblickten, der von Bergkuppe zu Bergkuppe schritt und mit einem Satz die breiten Flüsse überquerte, als wären es kleine Bäche. Däumling entdeckte dicht bei der Stelle, wo sie gerade waren, eine Felshöhle, ließ seine sechs Brüder hineinschlüpfen und kroch selbst auch hinein, wobei er immerzu beobachtete, was der Menschenfresser tat.

Dieser war von dem langen Weg ziemlich müde geworden. In Siebenmeilenstiefeln zu laufen, strengte ihn doch sehr an. Deshalb wollte er sich jetzt ausruhen und setzte sich ausgerechnet auf den Felsen, hinter dem sich die Buben versteckt hielten.

Da ihn die Müdigkeit übermannte, schlief er gleich ein. Er fing furchtbar an zu schnarchen. Die armen Kinder fürchteten sich sehr, weil sie immer an sein großes Messer denken mußten.

Däumling hatte weniger Angst und sagte zu seinen Brüdern, sie sollten jetzt schnell nach Haus laufen, während der Menschenfresser noch schnarche, und sollten sich gar nicht um ihn kümmern. Sie befolgten seinen Rat und liefen schnell nach Haus.

Däumling näherte sich nun leise dem Menschenfresser. Er zog ihm seine Stiefel aus und schlüpfte selber hinein. Die Stiefel waren sehr groß und ausgeweitet. Aber weil es Zauberstiefel waren, hatten sie die Fähigkeit, größer oder kleiner zu werden, sie richteten sich nach dem Fuß dessen, der sie anzog, so daß sie ihm paßten, als ob sie angegossen wären. Er lief zum Haus des Menschenfressers. Dort traf er dessen Frau, die um ihre Töchter weinte.

„Euer Mann ist in großer Gefahr", log Däumling sie an. „Er ist von einer Räuberbande gefangen worden. Sie wollen ihn töten, wenn er ihnen nicht all sein Gold und Silber gibt. Als sie ihm den Dolch an die Kehle setzten, hat er mich gebeten, zu Euch zu eilen und Euch zu sagen, daß Ihr mir alles geben sollt, was er an Gold und Silber besitzt. Ihr sollt nichts zurückhalten, weil sie ihn sonst ohne Gnade töten werden. Da die Sache sehr eilig ist, habe ich mir seine Siebenmeilenstiefel geliehen, um schnell wieder zurückzukommen. Daran sollt Ihr sehen, daß ich die Wahrheit sage."

Die gute Frau war sehr erschrocken. Sie gab ihm gleich alles Gold und Silber. Mit allen Schätzen des Menschenfressers beladen, lief er heim in das Haus seines Vaters. Dort wurde er mit großer Freude empfangen.

Die Leute sind sich nicht mehr darüber einig, wie diese Sache ausging. manche behaupten, daß

der Däumling den Menschenfresser nicht bestohlen habe. Er sei nur so gescheit gewesen, sich die Siebenmeilenstiefel anzueignen, damit der Menschenfresser niemals mehr in diesen Stiefeln kleinen Kindern nachlaufen könne, um sie zu fangen und zu schlachten. Ohne seine Siebenmeilenstiefel war er nicht mehr so gefährlich.

Diese Leute versichern auch, es aus guter Quelle zu haben, weil sie selber das Haus des Holzfällers kannten. Sie sagen, daß Däumling mit den Siebenmeilenstiefeln in die Hauptstadt hineinspaziert sei. Dort war man wegen eines feindlichen Heeres sehr in Sorge, das zweihundert Meilen vor der Hauptstadt den eigenen Truppen eine Schlacht lieferte. Er ging, sagen sie, zum König und bot sich an, ihm noch vor Abend Nachricht von der Armee zu bringen. Der König wünschte es und versprach ihm eine große Geldsumme, wenn ihm das gelänge. Däumling brachte noch am selben Abend die Nachricht. Er bekam viel Geld zur Belohnung, denn dieser König bezahlte stets in bar.

Viele Damen steckten ihm Liebesbriefchen zu, welche er austragen mußte, und dies war seine größte Einnahmequelle.

Nachdem er einige Zeit diese Kurierdienste ausgeführt und viel Geld zusammengespart hatte, kam er zu seinem Vater zurück.

Er machte seine ganze Familie glücklich, sorgte für alle, brachte seinen Vater und seine Brüder gut unter und sorgte auch vortrefflich für sich selbst.